Alles hat seine Zeit

ALLES HAT SEINE ZEIT

Ein jegliches hat seine Zeit,
und alles Vorhaben unter dem Himmel hat seine Stunde.
Geboren werden hat seine Zeit wie auch das Sterben,
Zeit fürs Pflanzen und Zeit fürs Ausreißen des Gepflanzten.
Töten hat seine Zeit, Heilen hat seine Zeit;
eine Zeit zum Niederreißen und eine Zeit zum Bauen.
Weinen und lachen,
klagen hat seine Zeit wie auch das Tanzen.
Steine wegwerfen hat seine Zeit,
Steine sammeln hat seine Zeit.
Es gibt eine Zeit fürs Umarmen und
eine Zeit, sich aus der Umarmung wieder zu lösen.
Suchen und Finden,
eine Zeit zum Behalten und eine Zeit zum Wegwerfen,
eine Zeit zum Zerreißen und Zunähen hat seine Zeit;
Schweigen hat seine Zeit wie auch das Reden.
Lieben hat seine Zeit wie auch das Hassen.
Der Krieg und der Frieden.
Das alles hat er schön gemacht zu seiner Zeit.
In das Herz des Menschen hat er den Wunsch gelegt,
nach dem zu fragen, was ewig ist.
Aber von dem, was Gott in dieser unvorstellbar langen Zeit tut,
kann der einzelne Mensch
nur einen winzigen Ausschnitt wahrnehmen.

Kohelet/Prediger 3,1–8, 11

Gedanken
Meditationen
Impulse
zu Kohelet

benno

INHALT

Alles hat seine Zeit – zu jeder Stunde   6

Hildegard König · An den Gott der zeit   9
Katharina Gralla · Zeit   10
Marion Küstenmacher · Nunc stans –
  die aufgehobene Zeit   15
Lisa F. Oesterheld · Freiraum   23
Hanna Strack · Segen für eine neue Zeit   24

Anfang und Ende hat seine Zeit   26

Nora Steen · Oder vielmehr:
  Alles hat seine bestimmte Zeit   29
Hanna Strack · Wozu ist es Zeit?   32
Sabine Henning · Radikal   35
Madeleine Spendier · Zeit zu danken   36
Pia Biehl · Nachgedacht   41
Antje Sabine Naegeli · Schätze der Erinnerung   44
Friederike Weichselbaumer · Vom neuen Werden   49

Gefühle haben ihre Zeit   50

Sr. Katharina Hartleib · Lebenszeit   52
Andrea Schwarz · Es gibt eine Zeit zum Umarmen …   56
Bettina Wulff · Im Fluss des Lebens   61
Sr. Kristina Wolf · Zeit des Lebens · Meditation   65
Sr. Aurelia Spendel OP · Jetzt ist die „richtige" Zeit   68
Hanna Buiting · Über die Zeit   71

Gute und schlechte Zeiten 74

Annegret Kramp-Karrenbauer · Eigenes Tempo 76
Andrea Schwarz · Es gibt eine Zeit zum Behalten … 80
Johanna Rahner · Weltweisheit und Glaube 85
Tina Willms · Die Engelbank 91
Martina Bär · Glückliche Zeiträume 93

Liebe und Friedenszeit 96

Hildegard König · Nach Psalm 1 99
Maria Anna Leenen · Alle Zeit in seinen Händen 100
Friederike Weichselbaumer · Das eine Wort 104
Kirsten Fehrs · Gehalten mitten im Leben 107
Monika Grütters · Unsere Zeit ist gemeinsame Zeit 112
Susanne Breit-Keßler · Hat alles seine Zeit? 116

Die Ewigkeit im Herzen 120

Sr. M. Caja Bernhard · Augenblick mal 123
Bettine Reichelt · Jegliches hat seine Zeit 124
Regina M. Illemann · Deine Zeit 129
Tina Willms · Die Ewigkeit ins Herz gelegt 130
Sr. M. Caja Bernhard · Warten auf dich 133
Annette Schavan · Zeiten, die gestaltet werden wollen 135
Gisela Baltes · Leben im Rhythmus der Zeit 140

Autorinnen / Quellenverzeichnis 142–144

AN DEN GOTT DER ZEIT

deine zeit in meinen Händen
ich kann sie verlieren
verschenken verschwenden
ich kann sie nehmen
verplanen vermessen
zeit bewusst leben
und zeit vergessen
sie ist mein eigen
doch ich kann sie nicht fassen
ich geh mit der zeit
um sie vergehen zu lassen
ich renne der zeit
atemlos hinterher
und flehe dich an:
gib mir davon mehr
du hast bei dir
alle Zeiten der Welt
und ich habe Uhren
und die sind gestellt
du bist ganz zeit los
jetzt und ewiglich
wann wird meine zeit sein
frage ich dich

Hildegard König

ZEIT FÜR DAS EINE UND DAS ANDERE

Zeit

Riechen, schmecken, anfassen, hören: unmöglich.
Trotzdem bestimmt sie unser Leben.
Sie vergeht. Unaufhaltsam. In ihrem Tempo.
Verlängern, beschleunigen: unmöglich.
Der Mensch misst sie und teilt sie ein, das geht:
Sekunden, Minuten, Stunden, Tage, Wochen,
Monate, Jahre und Jahrhunderte. Als könnte man
sie dadurch beherrschen.
Das eigene Empfinden hat damit wenig zu tun.
Sie steht still. Sie kriecht. Sie dehnt sich.
Sie vergeht wie im Flug.
Manchmal reicht sie. Oft ist sie knapp.
Niemand versteht wirklich, was Zeit eigentlich ist.

Bestimmte Zeit

Vor zweieinhalbtausend Jahren hat ein Weiser über die Zeit nachgedacht.
Es gibt eine bestimmte Zeit. Eine von Gott bestimmte Zeit.
Weise möchten, dass das Leben gelingt.
Was also kann man von diesem Weisen über den Umgang mit der Zeit lernen?

Nicht der Mensch bestimmt Zeit und Zeiten.
Nicht der Mensch macht die Zeit.
Es gibt die Zeit. Sie ist gegeben.
Jede Zeit ist für etwas Bestimmtes bestimmt.
Nicht der Mensch bestimmt, was an der Zeit ist.
Das moderne Selbstbewusstsein ist ein anderes:

Da bestimmt natürlich der Mensch über seine Zeit,
bestimmt, was gerade dran ist und was nicht.
Zumindest möchte der Mensch das so denken,
weil man gerne frei und selbstbestimmt leben möchte.
Dann verliebt man sich, die Firma geht pleite, eine Krankheit,
ein Lottogewinn, ein Tod und plötzlich ist eine andere Zeit.
Gar nicht selbst bestimmt, sondern einfach da.
Diese Zeit ist anders als die Zeit davor.
Sie verlangt etwas anderes.
Es scheint klug zu sein, das zu erkennen.
Denn sonst verpasst man das Besondere der einen bestimmten Zeit.
Es scheint klug zu sein, die Zeichen der Zeit zu erkennen
und darüber nachzudenken, was gerade in meinem Leben
an der Zeit ist.

Geordnete Zeit
Der Weise denkt, die eine Zeit ist von der anderen Zeit klar unterschieden.
Es gibt eine Zeit für das eine. Es gibt eine Zeit für das andere.
Das hat verschiedene Vorteile.
Wenn eine Zeit zu Ende ist, kann das traurig sein, aber auch befreiend.
Wenn eine Zeit zu Ende ist, ist sie vorbei.
Niemand muss vergangene Zeiten mitschleppen, im Gegenteil.
Jetzt ist eine andere Zeit. Für eine bestimmte Zeit.
Dann kommt wieder eine andere Zeit.

Das moderne Leben versucht eher,
alles mit allem zu vermischen und
alles gleichzeitig zu leben.

Es ist die Angst unserer
Zeit, etwas zu verpassen,
die Zeit nicht gut
und intensiv genug
zu nutzen.
Das Ergebnis ist
nicht selten eine
tiefe Erschöpfung
und eine große
Verwirrung darüber, was
gerade an der Zeit ist.
Dagegen scheint es klug
zu sein zu verstehen:
Die Zeiten haben eine
Ordnung.
Das Leben hat eine
Ordnung.
Das eine – das andere.
Der Weise ist kein
Freund des Chaos,
der Gleichzeitigkeit und
des Durcheinanders.
Struktur und Unter-
scheidung – so hat Gott
die Welt geschaffen.
So beginnt die Bibel.
So denkt der Weise.
Und siehe, es ist gut so.

Katharina Gralla

NUNC STANS – DIE AUFGEHOBENE ZEIT

„Wenn die Menschen euch fragen: Welches ist das Zeichen eures Vaters, der in euch ist? So antwortet: Es ist Bewegung und Ruhe."

Jesus im Thomasevangelium Logion 50

Schon der Kirchenvater Augustinus definierte in seinen berühmten *Confessiones* Vergangenheit und Zukunft als Aspekte der Gegenwart. Unsere Erinnerungen und Erwartungen erleben wir immer nur im Jetzt. Etwas anderes gibt es nicht. Was wir zeitlich nacheinander erzählen müssen, ist bei Gott alles gleich gegenwärtig und ewig. Darum gibt es zwei Narrative über die Ewigkeit, der biblische Begriff für sie ist *aion*. Die meisten stellen sich die Ewigkeit als unendlich verlängerte Zeit vor, in die man nach dem Tod eintritt. Wer zu Gott gelangen will, muss sich auf Erden gut verhalten, um dann im Himmel ewige Freuden in Gottes Gegenwart zu genießen. Die kurze Lebenszeit ist im Wesentlichen eine Zeit der Bewährung. Andernfalls drohen Fegefeuer, Hölle und Verdammnis, eine ewige Zeitknechtschaft.

Die radikal andere Erzählung über Gottes überzeitliche Ewigkeit gründet auf den Erfahrungen der MystikerInnen. Sie berichten von einem

bewegten Ruhen im Ewigen, in einem Augenblick, der über der Zeit ist. Raum und Zeit sind Konstrukte des Bewusstseins, die man „vom Markt freikaufen" kann (Epheserbrief 5,16). Meister Eckhart sagt, dass uns dann „weder Zeit noch Materie noch Vielfalt behindern". Wenn ausschließlich der gegenwärtige Moment das Bewusstsein ausfüllt, erlebt man das ewige Jetzt oder göttliche *Nun*. Es ist reine, ungeteilte Präsenz, ein Bewusstseinszustand der All-Einheit. Die MystikerInnen nennen es *nunc stans*, die aufgehobene Zeit, „auf die der Geist Christi deutete" (1 Petrus 1,11). Jesus sprach von der erfüllten Zeit, die im Jetzt das Reich Gottes offenbart. Das ewige Leben ist keine endlos verlängerte, ewigwährende Zeit, sondern Nullzeit-Nullraum im Bewusstsein. Der Religionsphilosoph Raimon Panikkar (1918–2010) verdeutlichte diesen Unterschied von Zeit und Ewigkeit mit zwei englischen Wortschöpfungen. *Temporality* meint die historisch fortlaufende Zeit aus Vergangenheit, Gegenwart und Zukunft. *Tempiternity* dagegen

ist die Zeitewigkeit der MystikerInnen, die Kristallisation des reinen Bewusstseins ohne Ausdehnung.
Die meisten ChristInnen wissen davon leider nichts. Sie bewegen sich heute im Zeitgefühl der rationalen Moderne. Hier ist man ganz auf die messbare Zeit samt ihren Termingeschäften, Deadlines, Produktions-, Wachstums- und Geschwindigkeitszwängen konzentriert und lebt unter beständigem Zeitdruck. Zeit ist nun eine absolute physikalische Größe, gebunden an den dreidimensionalen Raum. Zeit ist Geld und knapp, sie muss optimal ausgefüllt werden. Immer fehlt uns Zeit zu leben. Unser Sinn für den gegenwärtigen Moment schrumpft durch Beschleunigung derartig ein, dass wir nicht innehalten können, um das göttliche *Nun*, die mystische Erfahrung der Ewigkeit im Hier und Jetzt, zu erleben.
Inzwischen kennen wir auch die relative Zeiterfahrung der Postmoderne: Raum und Zeit hängen in der vierdimensionalen Raumzeit voneinander ab. Je nach Gravitationskraft gibt es

Eigenzeiten: Uhren gehen auf Berggipfeln schneller als im Tal. Dazu kommt die pluralistische Perspektive der Umkehrbarkeit (Rückblenden erwecken die Vergangenheit) oder Vorwegnahme von Zeit (Utopien und Dystopien) sowie Hypergleichzeitigkeit (Internet, soziale Medien) rund um die Uhr, den ganzen Globus. Die Besatzung der internationalen Raumstation ISS umrundet unsere Erde mit 28.000 km/Std in einer Höhe von 350 bis 400 Kilometern. Das dauert 91 Minuten, sodass man alle eineinhalb Stunden einen Sonnenaufgang erleben kann. Das sind fast 16 pro Tag. Oder erleben die Astronauten in 24 Stunden 16 Minitage von 91 Minuten Dauer? Die Postmoderne legt sich nicht mehr fest. Man führt ein offenes Zeitbudget mit vielen Optionen, arbeitet befristet, lebt von Event zu Event und will ein flexibles Zeitmanagement, um sich Zeitinseln zu verschaffen.

Der Sprung in die Zeitfreiheit

Wir sehen heute, dass zahlreiche Zeitebenen nebeneinander existieren. „Alles hat seine Zeit" (Pred 3,1) – in unserem eigenen Bewusstsein! Wem es gelingt, all diese Zeitkonzepte in sich zu integrieren, gelangt nach dem Bewusstseinsphilosophen Jean Gebser zur aperspektivischen Zeitfreiheit. Er ist keinem einzelnen Zeitregime mehr unterworfen und frei, sich elegant zwischen ihnen hin und her zubewegen. So erlebt man die Gegenwart durch die verschieden wirkenden Zeitqualitäten intensiver und bleibt zugleich auf der Höhe heutiger Zeitbewusstheit.
Dass Zeit vom Bewusstsein abhängt, habe ich in meinem Leben immer wieder aushalten müssen. Manchmal vergingen Monate, ballten sich aber auf meiner inneren Uhr zu einem

einzigen quälenden Moment zusammen. Manchmal hielt ich restlos übermüdet nachts ein Baby im Arm und war doch selig, als ob mich alle Zeit der Welt auf Händen tragen würde. Dann wieder rauschte die Zeit davon, schleifte mich in furiosem Tempo durch dunkle Täler aus Angst und Gottverlassenheit oder hetzte mich von Termin zu Termin. Manchmal war die Zeit meine gelassene Verbündete, manchmal mein gefürchteter Antreiber, immer ein Feind, wenn sie mir einen lieben Menschen entriss. Manchmal aber war sie tatsächlich Gottes aufgehobene Zeit, die nicht Freizeit, sondern Zeitfreiheit bedeutete.

Ruhe als Bewegung

In einer Imagination fiel ich einmal in einen Brunnen. Ich landete auf einer Wiese, auf der gleichzeitig alle vier Jahreszeiten herrschten. Aus ihrer Mitte wölbte sich eine hohe Kathedrale hervor, die aus Stein bestand, zugleich aber auch blühte, reifte, Frucht trug und ruhte. Im Inneren sah ich, dass der Boden der Kathedrale vollständig aus Wasser bestand. Es schimmerte kristallklar und war wie von unten hell erleuchtet. Dann wurde ich in diese merkwürdig unbestimmte, aber helle Tiefe hinabgezogen. Schließlich landete ich auf einer kristallenen, transparenten Spiegelfläche in einem rundum verspiegelten Raum, der ohne Anfang und Ende war.
Als ich fragte „Wer bin ich?", sah ich einen Spiegel, dessen äußere Kontur dem Umriss einer stehenden Person glich. Dieser „Personenspiegel" stand ganz still und war kaum von der spiegelnden Umgebung zu unterscheiden. Er hatte aber eine Mittelachse, auf der er sich unglaublich schnell um die eigene Achse drehen konnte. Bei maximaler Drehung wurde

er zur bewegten absoluten Ruhe oder absolut ruhenden Bewegung. Ich ging in ihn hinein und wurde nun selbst dieser sich ruhend drehende Spiegel der Welt. Dabei hatte ich zunächst das Gefühl eine klare Form und Bewusstsein dafür zu haben. Dann aber war ich plötzlich ungetrennt, eine Art unmöglicher Ort außerhalb der Zeit im völligen Widerschein der Wirklichkeit. An die Stelle meines Ich trat Offenheit für alles, was sich rundum in jeder Richtung zeigen wollte. In dieser Offenheit spiegelte sich eine atemberaubend strömende Fülle, die sich unentwegt neu auffüllte.
Als ich aus diesem Zustand wieder herausfiel, hatte ich einen Moment das Gefühl, das „Festwerden" von Raum und Zeit zu erleben.

Marion Küstenmacher

FREIRAUM

Und so ist es, wenn alles seine Zeit hat
und du Gott finden kannst in jedem Moment,
wenn Gottes Schönheit aufleuchtet –
ein Spiegel zum Hindurchschauen.
Und so ist es, wenn das Spülen des Geschirrs
wie das Verweilen im Garten in der Sonne ist.
Deine Gedanken ziehen dahin
wie die Wolken am Himmel.
Und so ist es, wenn du Gottes gütigen Blick
spürst, sodass deine Ungeduld versiegt.
Und du hast den Geschmack des Augenblicks
auf der Zunge, köstlich wie frisches Brot.
Und so ist es, wenn die Gegenwart alles birgt.
Sie ist ein Freiraum, der auf dich wartet,
ob du Staub saugst, Windeln wechselst,
Zeitung liest oder deinen Kaffee trinkst.
Und so ist es, wenn Freude in dir keimt
und du Zeit hast, weil du mit Herz und Sinnen
da bist und alles Vergleichen endet,
die Ausflüge in Zukunft und Vergangenheit.
Und so ist es, wenn alles seine Zeit hat,
und du das Jetzt als Geschenk empfängst –
Stille bewohnt dein Herz, ein Raum,
von Gottes Licht geflutet. Jetzt und ewig.

Lisa F. Oesterheld

SEGEN FÜR EINE NEUE ZEIT

Lass die Arbeitszeit hinter dir,
setze dich zur Ruhe!
Lass einen anderen Rhythmus in dein Haus,
öffne dem frei strömenden Segen
Türen und Fenster!
Tanze und springe!
Pfeife und lache!
Phantasiere und träume!

Lass den frei schwebenden Segen
die Räume füllen,
lass ihn in den Keller, unters Dach!
Jetzt ist die Zeit
für die Weite des Herzens,
für die Flügel der Sehnsucht.
Öffne dem frei fließenden Segen
dein Herz!

Hanna Strack

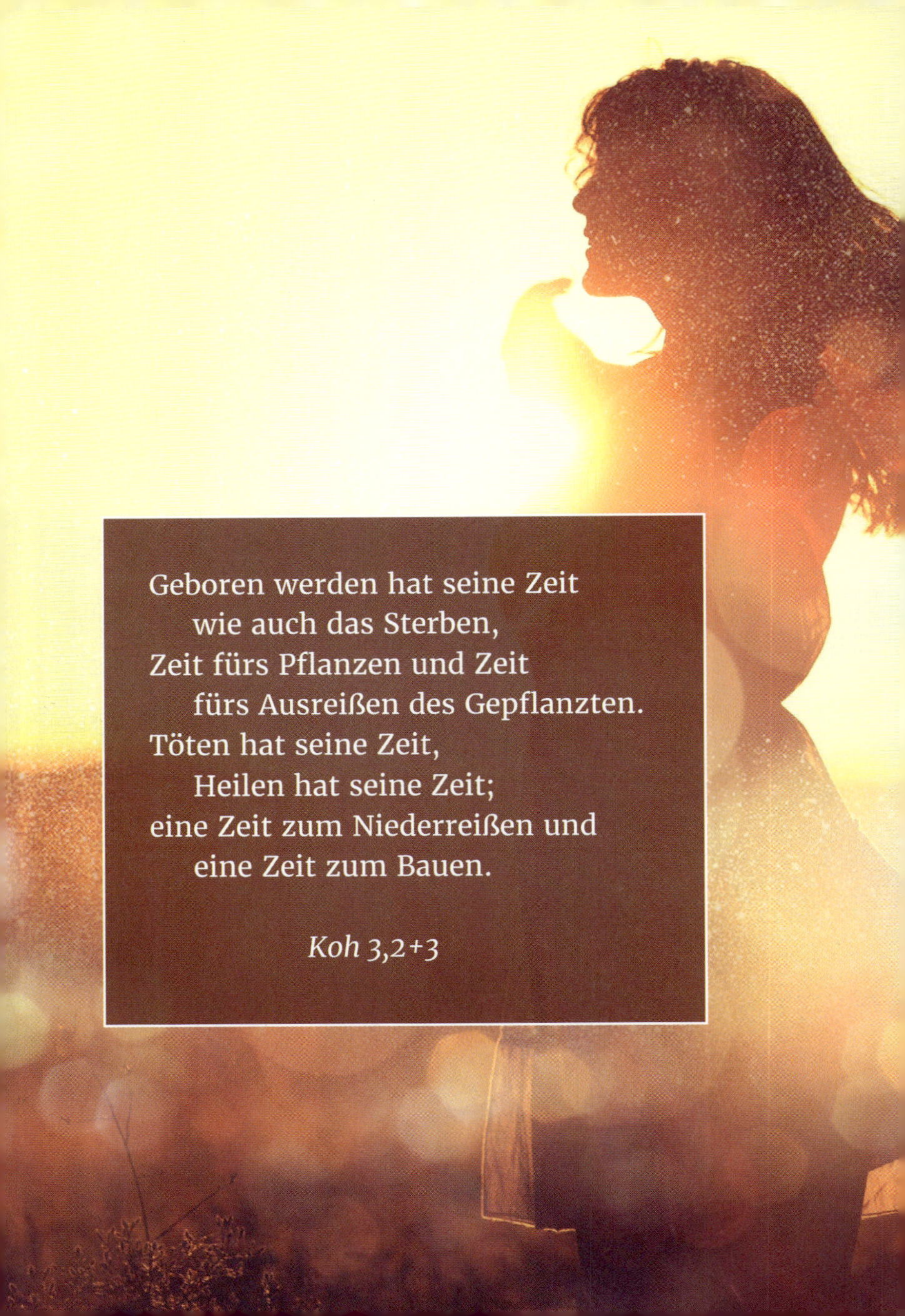

Geboren werden hat seine Zeit
 wie auch das Sterben,
Zeit fürs Pflanzen und Zeit
 fürs Ausreißen des Gepflanzten.
Töten hat seine Zeit,
 Heilen hat seine Zeit;
eine Zeit zum Niederreißen und
 eine Zeit zum Bauen.

Koh 3,2+3

ANFANG UND ENDE HAT SEINE ZEIT

ODER VIELMEHR:
ALLES HAT SEINE BESTIMMTE ZEIT

Das wissen ja schon unsere Kleinsten: Es gibt eine bestimmte Zeit zum Aufstehen und zum Anziehen. Eine bestimmte Zeit zum Frühstücken, eine bestimmte Zeit zum Zähneputzen und zum Schuheanziehen. Eine bestimmte Zeit, um in die Kita gebracht zu werden.
In unserem Erwachsenenleben sieht es nicht anders aus: Die Zeiten im Alltag sind mitunter durchgetaktet auf die Minute. In bestimmten Zeiten bewegen wir uns von Videokonferenz zu Videokonferenz, von Termin zu Termin. Zwischen Kinderbetreuung und Angehörigenpflege, zwischen Haushalt und Job.
Unsere Leben sind von genauen Zeitplänen bestimmt. Alles hat da seine Zeit. Oder vielmehr: Alles muss in unserem Alltag Zeit finden können.
Ob der Prediger unseren Alltag im 21. Jahrhundert im Sinn hatte, als er schrieb: „Alles hat seine Zeit"? (Koh 3,1). Wohl kaum. Aber er erkennt etwas, das für jegliches Leben gilt – damals zu Zeiten des Alten Testamentes und heute. Denn er sieht auf das Dazwischen. Das, was zwischen unseren Plänen und Tagesstrukturen stattfindet: Das sind zum Beispiel Lebensanfang und Lebensende – die Momente, die unseren Alltag so radikal durchbrechen. Er sieht die Beziehungen, die unser Leben lebenswert machen. Die uns mitunter aber auch an unsere Grenzen bringen, dann, wenn Liebe und Hass anscheinend gleichzeitig stattfinden. Er sieht die Gefühle, die Aufbrüche und Abbrüche, die uns locken und herausfordern.

Die Sorgen, die uns gefangen nehmen, und die Momente der Leichtigkeit, die uns tanzen lassen.
Und er erkennt: Alles hat seine Zeit – weil es menschlich ist.
Es tut uns nicht gut, das Menschsein durch unsere strengen Zeitpläne zu unterdrücken. Das anzunehmen ist eine Frage der Haltung. Und es ist eine gesellschaftspolitische Frage. Wollen wir so zusammenleben, dass alles seine Zeit haben darf?
Dass Menschen Menschen sein dürfen?
Ich wünsche es mir.

Nora Steen

WOZU IST ES ZEIT?

Es ist Zeit für Euch, das Feld neu zu betreten!
Gesegnet seien Eure Füße,
die fest und sicher
über das Feld in die Zukunft schreiten.
Wozu ist es Zeit?
Es ist Zeit für Euch, das Feld neu zu bemessen!
Gesegnet seien Eure Blicke,
dass Ihr beim Pflügen nach vorn schaut
und Euch nicht zurückwendet!

Wozu ist es Zeit?
Es ist Zeit für Euch, das Feld neu zu bepflügen!
Gesegnet seien Eure Hände,
die kraftvoll den Pflug führen,
dass die Erde neu werde!
Möget Ihr beim Pflügen des Neuen
auf einen leuchtenden Schatz stoßen,
der Euer Leben mit Freude erfüllt!
So segne Euch Gott in Weisheit und Güte!

Hanna Strack
(Nach Pred 3)

RADIKAL

zu Kohelet 3
ich mache mich auf die suche
nach den zwischenzeiten
den übergängen
dem scheinbaren nichtsein
zum beispiel
der nicht zu sehenden ungehörten
bewegung
der wurzel
unter den pflastersteinen
in der erde der parkbuchten
im sand
die sich stück für stück weiterschiebt
ohne zu posten
ein reel zu schicken
anzurufen
bis die fugen aufbrechen
der teer reißt
und die – auch wenn keine zeugen
dieser unendlich zeitlosen Bewegung
vorhanden sind –
den baum den grashalm den spross
verwurzelt

Sabine Henning

ZEIT ZU DANKEN

Es ist jetzt schon etwas länger her, fast 30 Jahre, dass ich die Schule beendet habe. Ab und zu denke ich an diese Zeit zurück und an manche Lehrer, die mich damals beim Erwachsenwerden begleitet haben. Meiner Geografie-Lehrerin habe ich erst kürzlich einen Brief geschrieben und mich bei ihr bedankt. Dafür, dass sie zu uns Schülern so gut war. Sie hat uns Schülerinnen und Schüler meist liebenswürdig und vor allem mit Respekt behandelt. Außerdem mochte ich ihre fröhliche und positive Ausstrahlung. Einmal habe ich während ihres Unterrichts mein Pausenbrot gegessen. Sie hat es bemerkt. Ich dachte mir: Jetzt gibt es bestimmt Ärger! Doch die Lehrerin hat mir nur kurz zugezwinkert und dann weiter unterrichtet.

Das fand ich großartig, denn sie hätte ja mit mir schimpfen können oder mich vor meinen Mitschülern bloßstellen können. Das hat sie nicht gemacht. Damals hatte ich in der Schule aber auch strenge Lehrer. Mein Geschichte-Lehrer war so einer. Nicht nur, dass er meist schlecht gelaunt war, in seinem Unterricht durften wir keinen Mucks machen. Vor ihm habe ich mich richtig gefürchtet. Ein anderer Lehrer warf sogar mit Tafelkreide oder dem Schlüsselbund nach uns, wenn wir mal zu laut waren oder ihm nicht zuhörten. Ich weiß gar nicht mehr, ob wir Schüler uns damals dagegen gewehrt hatten. Ein guter Unterricht sollte von gegenseitigem Respekt und Wertschätzung geprägt sein – auch wenn mal Fehler passieren. So wie es eben bei meiner Geografie-Lehrerin und meinem Pausenbrot war. Diese Lehrerin hat uns junge Menschen so angenommen, wie wir waren. Auch wenn wir Nervensägen sein konnten. Dadurch hat sie uns beigebracht, was im Leben zählt: Menschlichkeit.

Und genau dafür habe ich mich bei ihr in dem Brief bedankt: „Sie waren eine von den Lehrern, die es gut mit uns Schülern meinten. Danke dafür. Das werde ich nicht vergessen." Ich bin froh, dass ich in meinem Leben Menschen hatte, die mich auf so gute Weise behandelt haben – meine Familie, Freunde und Freundinnen, viele Weggefährten sowie Lehrer. Ich weiß, dass das nicht selbstverständlich ist. Übrigens hat mir meine damalige Geografie-Lehrerin sehr schnell auf meinen Brief geantwortet und mir geschrieben, dass sie sich darüber freut, dass ich meine Schulzeit in so guter Erinnerung habe. Sie ist später sogar Direktorin an dieser Schule geworden und heute schon in Rente. Liebenswürdig ist sie bis heute geblieben. Ich bin mir nur nicht sicher, ob sie sich wirklich noch genau an mich erinnern konnte, denn sie hatte sehr viele Schülerinnen und Schüler unterrichtet. Dennoch werde ich es weiterhin tun: Mich bei Menschen bedanken, die gut zu mir waren und sind.

Madeleine Spendier

NACHGEDACHT

Alles hat seine Zeit,
so schreibt es der Prediger.
Die guten, ja die nehme ich gerne:
das Lachen, den Tanz, das Bauen,
das Reden, die Umarmung,
den Frieden und die Liebe.
Aber warum gibt es die anderen,
die schlechten Zeiten?
Die Tränen, die Trauer, die Zerstörung,
das Schweigen, den Streit,
den Krieg und den Hass?
Es gibt das eine nicht ohne das andere.
Ich lerne die Freude schätzen,
wenn ich die Trauer kenne.

Die Sehnsucht nach Frieden, wenn der Krieg tobt,
greifbar nah, wie aktuell in der Ukraine und im Heiligen Land.
Liebe wird noch wertvoller,
wenn ich weiß, wie sich Ablehnung und Hass anfühlen.
„Alles hat er so gemacht,
dass es schön ist zu seiner Zeit.
Auch hat er ihnen ans Herz gelegt,
dass sie sich um die Zeiten bemühen.
Nur kann der Mensch das alles nicht begreifen,
was Gott von Anfang bis Ende tut." (Koh 3,11)

Das Leben lernen und leben,
in alles Facetten
und in der tiefen Gewissheit,
dass Gott es mit mir lebt
und mein Leben in Ihm aufgehoben ist.
Bei Gott aber ist das Vergangene nicht verloren. (Koh 3,15)

Pia Biehl

SCHÄTZE DER ERINNERUNG

Vor einigen wenigen Jahren besuchte ich meine norddeutsche Heimatstadt. Lange Jahre war ich nicht dort gewesen und lief jetzt zum ersten Mal wieder durch die Straße, in der ich aufgewachsen bin. Äußerlich war vieles noch so, wie es mir von früher bekannt war, aber all die vertrauten Nachbarn, an die ich mit Wärme und Dankbarkeit zurückdenke, lebten nicht mehr dort, waren verstorben oder, wenn sie in meinem Alter waren, weggezogen. Lauter fremde Namen las ich auf den Türschildern. Wehmut erfüllte mich bei dem Gedanken, dass die Zeit sich nicht zurückdrehen lässt.

Wie gerne hätte ich viele Menschen wiedergesehen, wieder gesprochen.

Natürlich wusste ich, dass dies nicht möglich sein konnte, und doch: Das Wissen des Verstandes und das gefühlte, handgreifliche Erleben des Vorbei sind zwei Dinge. „Alles hat seine Zeit", das heißt auch: Alles ist dem Vergehen ausgesetzt. Nichts lässt sich festhalten.

Wir befinden uns in einem ständigen Wandel.

Wie lebe ich damit, dass ich immer wieder loslassen muss, dass es wehtut, auch wenn es zweifellos Wandel zum Positiven gibt. Ich befinde mich jetzt im fortgeschrittenen Alter und die Verluste sind natürlicherweise größer geworden. Manchmal denke ich, ob das Leben nicht mehr Tiefe bekäme, wenn wir uns beizeiten bewusst machten, dass jeder Moment im Leben der Vergänglichkeit unterworfen ist. Leben ist eine Reise mit vielen verschiedenen Stationen. Manchmal gibt es längere Halte, manchmal kürzere. Immer geht es weiter. Sind es schwere Zeiten, so ist es ein Trost, dass sie vergehen werden, aber auch das Schöne, Kostbare, Beglückende bleibt nicht. Die Zeit läuft weiter. Wir sind immer wieder der Wandlung ausgesetzt. Meine Erfahrung ist, dass gute Erinnerungen uns nähren. Sie bleiben im Herzen aufbewahrt, aber eben nur dann, wenn wir nicht am Schönen vorbeigerast sind, sondern es bewusst tief in uns hineingenommen haben. Es tut wohl das Schatzkästlein guter Erinnerungen von Zeit zu Zeit zu öffnen und uns wärmen zu lassen von dem, was gut war, auch wenn eine gewisse Wehmut dabei nicht ausbleiben mag. Und andersherum gilt, dass verletzende Erfahrungen

ihre Spuren hinterlassen können, auch wenn sie längst vorüber sind. Ihnen müssen wir uns stellen, um nicht im Gestern stecken zu bleiben und uns der Gegenwart zuwenden zu können. Wie lebe ich als alternder Mensch mit dem Wissen um meine Vergänglichkeit? Für mich ist es ein unvergleichlicher Trost, die Gewissheit zu haben, dass mein Leben ein Ziel hat, dass Einer da ist, der alles in Liebe umfängt, was gewesen sein wird. Der Fluss der Zeit wird mich über die Stromschnelle des Sterbens führen und ich werde erkennen, warum ich den Weg durch die Zeit gehen musste und dass sie ihr Ziel findet in der Ewigkeit, wo es sie nicht mehr gibt, und keine Freude mehr vergänglich sein wird. Und ja, gerade weil ich um meine Endlichkeit weiß, fühle ich manche Freuden besonders intensiv. Bin ich nächsten Frühling noch hier auf der Erde? Ich weiß es nicht. Und gerade darum freue ich mich sehr tief über die prächtige Löwenzahnwiese unter meinem Fenster. Jetzt darf ich diese Augenweide genießen. Welch ein Geschenk!

Antje Sabine Naegeli

VOM NEUEN WERDEN

Jeder Regentropfen
und jedes Sandkorn in Deiner Hand
entfaltet sich zur Blüte.
Unzählige Zeichen der Liebe
des Schöpfers geben dem Leben Gewicht,
nicht um es zu erschweren,
sondern um es zu erleichtern.
Da Freude und Leid seine Zeit hat,
liegt alles in Gottes Händen,
in denen Werden und Vergehen
sich vereinen zu neuem Werden.

Friederike Weichselbaumer

Weinen und lachen, klagen hat
seine Zeit wie auch das Tanzen.
Steine wegwerfen hat seine Zeit,
Steine sammeln hat seine Zeit.
Es gibt eine Zeit fürs Umarmen und
eine Zeit, sich aus der Umarmung
wieder zu lösen.

Koh 3,4+5

LEBENSZEIT

Wenn ein Mensch kurze Zeit lebt
Sagt die Welt, dass er zu früh geht.
Wenn ein Mensch lange Zeit lebt
Sagt die Welt, es ist Zeit.
Jegliches hat seine Zeit.
Steine sammeln, Steine zerstreu'n
Bäume pflanzen, Bäume abhau'n
Leben und Sterben und Streit
Wenn ein Mensch kurze Zeit lebt
Sagt die Welt, dass er zu früh geht.
Wenn ein Mensch lange Zeit lebt
Sagt die Welt, es ist Zeit, dass er geht.
Jegliches hat seine Zeit.
Steine sammeln, Steine zerstreu'n
Bäume pflanzen, Bäume abhau'n
Leben und Sterben und Frieden und
Streit.

Puhdys, 1974
nach Texten aus dem Buch Kohelet

Ich war 16 und die Puhdys hatten einen ihrer größten Erfolgssongs eingesungen. Und der Rhythmus war eingängig und es war ein Traum, danach zu tanzen und mitzusingen.
Teile des Textes fand ich aber irgendwie so anders als das, was ich bis dato als gelernte DDR-Jugendliche von DDR-Bands gehört hatte. Und dann haben wir zusammen mit unserem jungen Gemeindepfarrer entdeckt, dass dieser Text ein Teil aus diesen Versen des Buches Kohelet ist. Und da bin ich neugierig geworden. Nicht das ich nicht sonntags in der Messe Bibeltexte in Lesung und Evangelium gehört hätte.

Aber, hier, das war etwas ganz anderes.
Mitten im Alltag eines kirchenfeindlichen Staates werden Verse aus einem Bibeltext gesungen und werden unglaublich populär. Da musste doch was dran sein.
Mit diesem Song und mit dem Text aus dem Buch Kohelet hat meine Lust am Gott der Bibel begonnen und nie wieder aufgehört.

Sr. Katharina Hartleib

ES GIBT EINE ZEIT ZUM UMARMEN …

… und eine Zeit, die Umarmung zu lösen. *(Koh 3,5)*
Immer wieder komme ich bei Geburtstagsbesuchen in unseren Gemeinden auch zu Ehepaaren, die manchmal fünfzig oder gar sechzig Jahre verheiratet sind. Und wenn man dann miteinander ins Gespräch kommt, hört man manchmal den Wunsch: „Ich möchte in deinen Armen sterben!" – und die beiden schauen sich trotz ihres hohen Alters ein wenig verliebt in die Augen. Wobei sich der Wunsch dabei natürlich nicht auf das „sterben" bezieht, sondern auf „in deinen Armen".

Aber mindestens genauso oft komme ich zu Trauergesprächen und die Angehörigen erzählen mir, dass sie Tage und Nächte am Bett des Sterbenden verbracht haben – und genau in den fünf Minuten, wo sie mal draußen waren, um sich einen Kaffee zu holen, ist derjenige gestorben. Und oft machen sie sich dann bitterste Vorwürfe, dass ihr Verwandter allein sterben musste. Aber die Vorwürfe sind vollkommen fehl am Platz.

Es gibt solche und solche Menschen. Manche können erst dann sterben, wenn alle Menschen, die sie lieben, um ihr Bett versammelt sind – und andere können nur dann gehen, wenn sie alleine sind. Und das hat ganz allein etwas mit dem zu tun, der auf dem Sterbebett liegt.

Manche mögen und brauchen den Körperkontakt zu anderen und suchen ihn – andere rutschen lieber zehn Zentimeter zur Seite, um nicht berührt zu werden. Manche baden in der Menge, andere stehen lieber ein wenig abseits. Manche

mögen es, alle zu umarmen und von allen umarmt zu werden – andere haben es als eine intime Geste nur für ganz bestimmte Menschen reserviert.
Aber auch kulturelle Unterschiede spielen eine Rolle. In meiner Vorbereitung auf den Pilgerweg nach Santiago las ich den Bericht einer Frau, die davon erzählte, dass sie auf dem Weg dauernd von Männern angemacht worden sei. Ehrlich gesagt – ich habe das in den sieben Wochen auf dem Weg nicht ein Mal erlebt. Aber dazu muss man halt wissen, dass bei den Spaniern Körpernähe und -distanz eine andere Rolle spielen als hier bei uns. Wenn der Patron einer Wirtschaft mich liebevoll am Arm nahm, um mir den Weg

in den Speisesaal zu zeigen, dann war das nicht als „Anmache" gemeint, sondern als ehrende Geste.
Nicht jeder findet Umarmen unbedingt schön und nett. Manche Menschen mögen nicht ungefragt in den Arm genommen werden. Nicht jeder Kranke will, dass seine Hand gestreichelt wird. Nicht jeder will beim Wiedersehen abgeküsst werden.
Manchmal passt der halbe Meter Abstand, der Blick, ein Händedruck, ein Wort.
Es gibt nicht nur für alles eine Zeit, sondern es gibt auch für alles Menschen.
Und das darf auch so sein.
Schwierig kann es dann und dort werden, wenn zwei in dem Punkt sehr verschiedene Menschen aufeinandertreffen. Dann kann eine harmlos gemeinte Umarmung wirklich beim anderen zu Blockaden führen – oder eine größere Distanz zu heftigen Missverständnissen.

Aber ehrlich gesagt – ich glaube nicht an größere Probleme, wenn jeder ehrlich zu sich selbst ist. Ich kann gut damit leben, wenn mich jemand überraschend und leidenschaftlich umarmt, weil es ihm oder ihr ein Bedürfnis ist. Und es gibt Begegnungen, in der ein Händedruck und der entsprechende Blick mehr, ja viel mehr ist als eine Umarmung.
Problematisch wird es für mich, wenn mich jemand umarmt, nicht weil er mich umarmen will, sondern weil er selbst umarmt sein will. Wenn jemand mich zur Stillung seiner Bedürfnisse (ge-)braucht – und nicht danach schaut, was mir guttut, was ich brauche.
Aber ich kann es durchaus sehr genießen, wenn ich umarmt werde, weil der andere mich meint.

Andrea Schwarz

IM FLUSS DES LEBENS

„Lass Dich nicht unterkriegen, sei frech und wild und wunderbar", diesen mutigen Satz hat Astrid Lindgren ihrer Heldin Pippi Langstrumpf in den Mund gelegt. Als Kind habe ich alle ihre Bücher geliebt und verschlungen, doch vor allem Pippis Abenteuer hatten es mir angetan. Nach einigen Jahrzehnten auf der Lebensreise weiß ich, wie stark mich dieser Satz geprägt hat. Nicht regelmäßig gewahr, weil auch nicht immer gleichwährend wichtig … aber wenn es ans Innehalten oder Ausgebremstwerden geht, ein wichtiger Impuls. Immer wenn das Gefühl präsent wird, dass eine Veränderung oder Weiterentwicklung ansteht und der Mut fehlt, den nächsten Schritt zu gehen, tut es gut, sich an dem Satz zu verorten. Und das hat nichts mit Lebensalter zu tun.
Wie es ab und an guttut zu schauen, wie viel von dir selbst weitergewachsen ist und was

stagniert, wo es Zeit wird, es zu verändern, loszulassen und mutig den nächsten Schritt zu gehen. So wie eben alles seine Zeit hat und es in der Bibel wunderbar beschrieben ist. Leben ist wie fließendes Wasser, stete Veränderung, kein Verharren und Insistieren auf etwas, weil es schon immer so gewesen ist. Unser Glauben soll lebendig sein, atmen, fließen, sich verändern dürfen und vor allem darf er sich entfalten. Unser Gott und sein Sohn sind ja auch keine Statuen, keine in Stein gemeißelten Idole. Gottes Geist, durch Jesus zu uns gebracht, gibt uns die Chance, dass wir uns entfalten können, dürfen und gestalten sollen. Dabei sind wir gehalten in diesem Spirit, nie verlassen zu werden. Diese Gewissheit macht großartig frei, wenn wir denn darauf vertrauen können. Vertrauen entwickeln in andere, in uns selbst ist eine schwierige Sache. Zu viele Zweifel, wie andere uns sehen und beurteilen. Zu viele Zweifel, im Innern, ob wir wirklich „gut genug" sind, um überhaupt aus den festgefahrenen Wegen auszutreten und sich auf neues Terrain zu wagen. Zu viel Theorie? Nach rund fünfzehn Jahren Berufstätigkeit im Bereich Presse- und Öffentlichkeitsarbeit für verschiedene Unternehmen entwickelte sich eine große berufliche Sinnkrise. „Was möchte ich eigentlich wirklich tun, wofür möchte ich meine Ideen und meine Zeit einsetzen?" Nach bereits vielen Jahren ehrenamtlicher Tätigkeit für „Notruf Mirjam", einem Hilfeangebot für Schwangere und Mütter, bot sich die Chance, mich auf einen Job bei diesem Projekt im Bereich Public Relations und Fundraising zu bewerben. „Lass Dich nicht unterkriegen …" – ich bewarb mich, sprach vor und wurde eingestellt.

Seitdem arbeite ich für Menschen und deren Anliegen, die mir am Herzen liegen. Sich zu trauen und zu vertrauen, dafür haben wir ein Leben lang Zeit.

Bettina Wulff

ZEIT DES LEBENS

Zeit des Fluchs und Zeit des Segens,
Zeit der Dürre, Zeit des Regens,
Tag der Ernte, Zeit der Not,
Zeit für Steine, Zeit für Brot.
Zeit der Liebe, Nacht der Frage,
Stunde Wahrheit, Tag der Tage,
Zukunft, die gekommen ist,
Wort, das voll der Stille ist.
Zeit des Trostes, Zeit der Tränen,
Zeit der Schönheit, Zeit zu schämen,
Zeit des Jagens, die vergeht,
Zeit des Hoffens, die besteht
Zeit des Schweigens, Sinn verloren,
nirgends bleiben, ungeboren.
Unterdrückung, Angst und Leid,
Meer von Zeit und Einsamkeit.
Wer die Zeiten hat verloren,
neuem Anfang abgeschworen,
wer nur, was er hat, erstrebt
sterben wird er ungelebt.
Zeit zu leben, um zu teilen,
Zeit zu warten, nicht zu eilen,
wer sein Brot für andre brach,
leben wird er hundertfach.

Text: Huub Oosterhuis
Ü: Peter Pawlowsky
M: Henri Heuvelmans Kohelet 3,1-8

ZEIT DES LEBENS
MEDITATION

Nimm Platz,
spüre die Sitzfläche, die Lehne,
den Boden unter deinen Füßen.

Nimm deinen Atem wahr,
so wie er
ganz natürlich
kommt und geht.

Lies den Text
Zeile für Zeile.
Vielleicht spricht dich ein Wort an
oder löst ein inneres Bild,
ein Gefühl,
eine Reaktion in dir aus.

Vielleicht magst du
einen Moment
dabei verweilen?

Dann …
schließe die Augen oder lass sie ruhen,
nimm deinen Atem wahr,
wie er kommt und geht.

Lege das Wort an den Atem,
verbinde es mit dem Ausatmen,
lasse es innerlich erklingen
und lausche ihm nach.
Bleibe dabei,
solange du magst.

Vielleicht
spürst du
eine Resonanz.

Vielleicht
entwickelt sich
ein inneres Zwiegespräch.

Vielleicht
wird es
ganz still
in dir.

Lausche. Atme. Lausche.

Beende die Meditation mit drei tiefen Atemzügen.

Sr. Kristina Wolf

JETZT IST DIE „RICHTIGE" ZEIT

„Wenn ich doch nur Zeit hätte." Diesen Stoßseufzer kennt jedermann und jede Frau und auch Kinder sagen: „Ich habe nie richtig Zeit." Zugepackt mit allem Möglichen und Unmöglichen hasten Menschen durch den Tag, durch die Jahre, durch ihre Lebenszeit. Und dann ist sie weg – die Zeit, ungelebt, ungenutzt, unwiederbringlich. Wie schade, wie traurig.

Vielleicht liegt solche Zeit-Atem-Not auch darin begründet, dass Menschen nicht wissen, dass es so etwas gibt wie die eine, die „richtige" Zeit und dass sie nicht gelernt haben, sie zu erspüren. Wenn alles im Leben seine „richtige" Zeit hat, laufen wir nicht nur an beliebigen Herausforderungen, Begegnungen und Chancen vorbei, die wir vertagen könnten, an Terminen, an denen es uns besser passt, sondern ausgerechnet an dem, was jetzt unaufschiebbar, weil lebensnotwendig ist. Wenn ich auch nicht allem im Text des Weisen Kohelet zustimmen kann – eine Zeit für den Krieg? –, so stimmt für mich doch die Richtung. Wer geboren werden soll, muss geboren werden. Wie machtvoll kann die Autonomie des Gebärens Frauen überwältigen; wie unausweichlich ist letztendlich die Zeit des Sterbensmüssens, auch wenn der Tod um Stunden oder Tage hinausgeschoben werden kann.

Die Weisheit des Alltags lehrt, dass immer wieder ein Moment kommt, in dem klar wird: Jetzt muss aufgeräumt werden – in der Partnerschaft, im Beruf, im Kinderzimmer, in der eigenen Seele. Jetzt hat das „Ich habe keine Zeit" seine Berechtigung und seinen Sinn verloren.

Mich packen solche Momente des JETZT. Sie haben etwas Faszinierendes und können zugleich so bedrohlich sein. Unser Leben ist endlich, Zeit ist kostbar, nur einmal geschenkt. Deshalb verschiebe ich meine Zeit nicht auf ein „Wenn ich ein Mal Zeit habe …", sondern versuche sie zu nutzen für die Lebensfülle meines JETZT.

Sr. Aurelia Spendel OP

ÜBER DIE ZEIT

Was ich gelernt habe:

Ich habe gelernt, die Uhr zu lesen. Mein Leben einzuteilen und es zu takten nach Stunden, Minuten, manchmal sogar Sekunden. Ich habe gelernt, in Zeiträumen zu denken; in Tagen, Wochen, Monaten und Jahren. Ich habe gelernt, pünktlich zu sein und mich zu beeilen, wenn es drauf ankommt. Ich habe Tempus-Formen gelernt und das nicht nur in deutscher Sprache, sondern auch auf Englisch, Französisch, Niederländisch und Hebräisch. Ich habe gelernt, was vor mir war und wer; was Zeitzeugen sind und was Zeitzeugnisse. Ich habe gelernt, was wichtig ist zu erinnern. Ich habe gelernt, was Wochentage sind, Alltage, Feiertage und Gedenktage, dass es Fristen gibt und Deadlines. Ich habe gelernt, dass sie meinem Leben einen Rhythmus geben und dass es hilfreich sein kann, einen Kalender zu führen. Ich habe gelernt, dass eher immer zu wenig Zeit da ist als zu viel und es daher nach Möglichkeit darum geht, keine Zeit zu verlieren. Ich habe gelernt, dass meine Zeit hier auf der Erde begrenzt ist, dass ich sie nicht anhalten kann, dass sie vergeht und dass auch ich einmal gehen werde. Wenn meine Zeit gekommen ist.

Was ich verlernt habe:

Ich habe verlernt, ohne Uhr zu leben. Kein wirkliches Zeitgefühl zu haben, sondern den Moment für eine Ewigkeit halten zu können. Ich habe verlernt, meine Tage davon bestimmen zu lassen, wie das Wetter ist, wann es etwas zu essen gibt, wann es dunkel wird und wann wieder hell. Ich habe verlernt, darauf zu vertrauen, dass alles wiederkehrt in einem Rhythmus, den nicht ich bestimme: Auf Winter folgt Frühling und danach wird es Sommer. Wenn sich die Blätter an den Bäumen verfärben, ist Herbst und die kühler werdende Luft ist Vorbote für einen erneuten Winter. Ich habe Langeweile verlernt und wie es sich anfühlt, auf etwas wirklich zu warten mit vor Aufregung klopfendem Herzen: Dass Weihnachten wird, ich Geburtstag habe, Oma zu Besuch kommt. Ich habe verlernt, die Zeit zu vergessen: viel später als verabredet nach Hause zu kommen, eine Spinne beim Netzeweben zu beobachten, den ganzen Tag einen Schlafanzug anzubehalten, weil Spielen eben viel spannender war als Anziehen. Ich habe verlernt, das Ende nicht zu fürchten. Weil gerade alles erst beginnt.

Was ich lernen will:

Ich will lernen, die Gleichzeitigkeit von beidem zu erlangen: die Uhr lesen zu können, aber ab und an auch mal ohne sie zu leben. Ich will lernen, den Moment zu schätzen genau dann, wenn er sich ereignet – und ebenso, wenn er vorüber ist. Ich will lernen, dass alles im Leben seine Zeit hat. Und dass das kein Grund zum Fürchten ist, sondern auch zur Freude: Wie schön ist es doch, am Leben zu sein.

Hanna Buiting

Suchen und Finden,
eine Zeit zum Behalten und
eine Zeit zum Wegwerfen,
eine Zeit zum Zerreißen
und Zunähen hat seine Zeit;
Schweigen hat seine Zeit
wie auch das Reden.

Koh 3,6+7

GUTE UND SCHLECHTE ZEITEN

EIGENES TEMPO

„Alles im Leben hat seine Zeit" – so steht es in der Bibel, so habe ich es als Kind oft gehört. Als eine der Jüngsten zuhause wollte ich, was meine älteren Geschwister schon durften. „Warte, bis du groß bist" hieß es dann. Was für eine unbefriedigende Antwort. Und die Ungeduld hat sich fortgesetzt. In der eigenen Familie, in der eigenen Karriere. Und mit der Ungeduld auch immer ein unterschwelliges Gefühl, gerade das, was man jetzt nicht hat, zu brauchen oder haben zu wollen.

Wenn „Alles hat seine Zeit" die gesamte Fülle des Lebens ausdrückt von Freud bis Leid, Lachen bis Trauer, Hektik bis Ruhe, vom Auf und Ab berichtet, wieso macht uns diese Aussicht nicht gelassener. Wieso können wir uns so oft nicht am Jetzt freuen, sondern hadern mit dem Gestern oder schauen sorgenvoll auf's Morgen?
Vielleicht ist es die Urangst, etwas zu verpassen, zu kurz zu kommen, das Leben nicht voll auszukosten. Vor allem in einer Zeit, in der alles und auf einmal verfügbar und möglich erscheint.

Annegret Kramp-Karrenbauer

Sie kennen dieses einengende Gefühl? Dagegen helfen mir folgende Zeilen von Tobias Petzoldt:

Ungeplant
Wie schön es doch sein kann, etwas zu verpassen:
Die Bahn, den Anschluss, die letzte Chance.
Leicht gehen nun die Schritte
In eigenem Tempo und Rhythmus,
Frei ist der Blick für Neues und
Die Neugier groß auf alles,
Was werden wird.

Tobias Petzoldt

ES GIBT EINE ZEIT ZUM BEHALTEN …

– und eine Zeit zum Wegwerfen.
Ja, es gibt solche und solche Zeiten in meinem Leben. Im Moment bin ich eher in der Aufräum- und Wegwerfphase. Aber die bezieht sich interessanterweise nicht auf den jetzigen Zustand meiner beiden Schreibtische (so wünschenswert das wäre!), sondern auf manche Stapel von Papier, die im Keller lagern und schon zwei Umzüge unbeschadet überstanden haben. Ich schaue alte Aktenordner durch und entscheide bei jedem Brief, bei jedem Blatt Papier neu: aufheben oder wegwerfen? Ich sichte meine Buchbestände, von denen einige wegen Platzmangel auch im Keller ausgelagert sind: aufheben oder wegwerfen? Und es ist unsagbar spannend zu erleben, von was ich mich jetzt trennen kann, was vor drei Jahren noch nicht möglich war – und was ich immer noch aufheben will und mag.
Da gibt es Briefwechsel mit ehemaligen Freunden, die jetzt den Weg in den Aktenvernichter gehen können, weil mich emotional nichts mehr mit ihnen verbindet. Andere Briefe halte ich in der Hand und denk mir: Da sollte man sich vielleicht noch mal melden. Und es gibt auch den einen oder anderen Brief von einem völlig Unbekannten, der den Ausleseprozess übersteht, weil es ganz schön sein könnte, den Brief in acht Jahren noch einmal zu lesen.
Was ich aufhebe und was ich wegwerfe (bzw. in die Altpapiertonne oder zum nächsten Flohmarkt gebe), das sagt viel weniger etwas über „dasjenige" aus als vielmehr über mich.

Von dem einen kann ich mich lösen, am anderen halt ich mich noch fest. Und da und dort könnte man es ja vielleicht noch einmal probieren.
Diejenigen, die noch nicht auf einen elektronischen Kalender umgestiegen sind, kennen diesen Prozess jedes Jahr neu um die Silvesterzeit herum: Welche Adressen, welche Geburtstage übertrage ich in den neuen Kalender?
Was behalte ich, von was löse ich mich? Das ist so eine Art Inventur im persönlichen Leben. Und ich brauche beides: Ich kann nicht alles auf Dauer behalten, dann wird es zu einer unsäglichen Last, die mich nicht mehr beweglich sein lässt. Aber gar nichts zu behalten, alles sofort zu entsorgen – das führt zu einer Bindungslosigkeit, die zum Vagabunden werden lässt.

Spannend ist es, diese verschiedenen Impulse in mir auf mein Leben hin zu deuten. Wenn ich neu irgendwohin komme, werde ich in der Regel danach trachten, das, was mir vertraut ist, zu behalten.
In meinem Leben kündigt sich neu, ganz vorsichtig, Abschied an. Und es mag sein, dass ich diesen Abschied jetzt schon mal an den kleinen Dingen einübe, weil ich darum ahne, dass der nächste Abschied heftig wird. Auch Sterben lernt man nicht erst dann, sondern mitten im Leben.
Mag sein, dass dies auch eine Grundhaltung für unseren Glauben sein könnte: Was behalte ich, von was löse ich mich? Vielleicht stünde ja auch so eine Inventur meines Glaubens einmal an: Was behalte ich, von was löse ich mich? Ich jedenfalls habe mich verabschiedet von dem Bild eines Gottes, der Buchhalter und Richter ist, ich habe mich verabschiedet von dem Bild einer perfekten Kirche.

Behalten will ich, dass es einen Gott gibt, der mein Leben in Fülle will – und dass die Kirche, so unzureichend sie auch immer sein mag, immerhin das derzeit einzige Gefäß ist, das diesen Glauben weitergibt.

Aber es gilt auch hier, immer wieder Inventur zu machen: Was werf' ich weg und was schreib ich ab – und was behalte ich? Und was wäre wertvoll genug, es noch einmal damit zu probieren?

Für alles gibt es eine Zeit… und wenn wir dem Gefühl in uns trauen, wofür es jetzt in unserem Leben an der Zeit ist, dann werden wir wissen, was wir getrost an die Seite legen können und was behaltenswert ist – auch in unserem Glauben.

Andrea Schwarz

WELTWEISHEIT UND GLAUBE

Klassische Weisheitsliteratur ist schon ein seltsames Stück Literatur. Heute würde man Ähnliches vielleicht in einer Buchhandlung unter den Stichworten „Ratgeber" oder „Selbsthilfe" finden. Haben Sie sich indes schon einmal die Frage gestellt, was dann ein Text wie Kohelet in der Bibel zu suchen hat?

Glaube und Leben im Dialog

Biblische Weisheitsliteratur ist ein Gespräch zwischen Theologie und Glaube auf der einen Seite und menschlicher Welt- und Lebenserfahrung auf der anderen. Dabei kennt sie keinerlei Berührungsängste oder gar einen grundsätzlichen Gegensatz von Weltweisheit und Glaube. Alles, was das Denken des Menschen im Innersten ausmacht und dazu dient, das Leben auf menschliche Weise zu gestalten, betrifft auch den Glauben. Wer im Sinne der Weisheitsliteratur sich als glaubend versteht, dem ist nichts Menschliches fremd. Denn alles Geschöpfliche bleibt im Wirkungsbereich des Schöpfers. Das bringt der oft zitierte Leitsatz der Weisheitsliteratur auf den Punkt: „Timor Domini principium sapientiae" – „Die Gottesfurcht ist der Anfang, das Grundprinzip der Weisheit". „Gottesfurcht" klingt heute eher befremdlich, weil angstbesetzt. Doch gemeint ist jene Haltung, die – allen Widrigkeiten und Gefährdungen der Welt zum Trotz – auf Gott als denjenigen vertraut, der das Ganze durchwaltet und den Lebensweg des Menschen gelingen lässt. Glaubende haben dabei aber nicht einfach schon die Antworten, die andere noch suchen, sondern beide sind unterwegs auf der Suche nach Sinn, nach Glück, nach Erfüllung.

Glaube ist kein religiöser Überbau, sondern eine praktische Alltagstugend, die mittendrin im Leben steht und sich dort zu bewähren hat. Und echtes weisheitliches Lebenswissen verschließt sich nicht in sich selbst, sondern ist auch fähig, sich seinem transzendenten Potenzial zu öffnen, um zur umfassenden Lebenskunst zu werden. Doch dieses Sichöffnen ist gerade für Kohelet weder naheliegend noch selbstverständlich.

„Alles hat seine Zeit" … und nichts hält ewig?

Kohelet hat einen offenen und realistischen Blick darauf, wer der Mensch und vor allem wie die Welt ist, in der wir leben. Seine weltzugewandte Pragmatik – „Die Dinge sind halt, wie sie sind …" – grenzt mitunter an einen Agnostizismus, in dieser Welt scheint Gott nicht wirklich relevant. Denn wer ist schon dieser Gott, der regnen lässt über Gute und Böse und dem doch keine Tat unter der Sonne entgeht? Was nützt angesichts des Weltenlaufs ein solcher Gott? Und was bringt der Glaube an ihn? Diese Fragen machen das provozierende und zugleich moderne Potenzial Kohelets aus.
Ob Boccaccios lustvoll-frivole Bewältigungsstrategie der mittelalterlichen Pestepidemien oder Friedrich Nietzsches Verklärung des Augenblicks der Lust, der alle Ewigkeit ersehnt – all das sind kritische Versuche, den allzu glatten Antworten des Glaubens zu widerstehen und den Menschen auf diese Welt und die Erfüllung hier und jetzt zu verweisen. Kohelets skeptischer Pragmatismus wagt sich dennoch weiter vor. Ganz der Welt zugewandt, verliert er die Welt und ihre Erfordernisse nie aus dem Blick, aber er erkennt auch ihre Begrenztheiten und weitet den Horizont auf den entscheidenden Punkt. Der Mensch kann hier und jetzt eben nicht mit Sicherheit und aus eigener

Anstrengung heraus glücklich werden. Das Glück der Welt ist wichtig und zugleich nichtig, nichts hält ewig. Wahres Glück ist eine Gabe, die sich immer wieder entzieht. Die Sehnsucht des Menschen bleibt mitunter ungestillt; sein Verlangen nach Sinn unbefriedigt, weil nichts Bestand zu haben scheint. Und dennoch ist der Mensch dazu bestimmt, sein Glück zu suchen. Die Existenz des Menschen bei Kohelet gleicht nicht ohne Grund der Gestalt des Albert Camus'schen Sisyphos: von den Göttern verflucht zu einer Sehnsucht, die nicht zu stillen ist. Und dennoch ist der Camus'sche Sisyphos ein glücklicher Mensch: ganz der Erde, der Welt zugewandt, ganz eins mit seinem Stein.

Gott als Option?

Kohelet schweigt hier beredt. Ein anderer Weisheitslehrer, der Verfasser des Buchs Ijob, schreit die Frage nach Gott angesichts des menschlichen Leid heraus. Kohelet scheint diese ijobsche Erfahrung des Verzweifelns an Gott angesichts des Leids zu ignorieren, aber die von ihm zu bewältigende Krise ist nicht weniger existenziell: die Nichtnotwendigkeit Gottes und seine mangelnde Erfahrbarkeit in der Welt. Der Mensch der Moderne wurde häufig mit der Gestalt des Ijob in seiner Revolte gegen Gott identifiziert. Kohelets beredtes Schweigen über Gott scheint indes noch moderner. Seine pragmatische Sicht auf Welt und Mensch entspricht der spätmodernen „metaphysischen Obdachlosigkeit", dem Sich-im-Leben-einrichten-zu-Müssen, als ob es Gott nicht gäbe. Und dieses Sicheinrichten in der Welt geschieht zugleich unter der Vorgabe, dass der Mensch dasjenige

Wesen ist, das nicht loskommt von der Suche nach Sinn, der Idee des Glücks, die für Kohelet unlösbar mit der Idee Gottes verbunden ist. Freilich, diese „Option Gott" darf die Würde des sich Einrichtens mit und in der Welt nicht infrage stellen, und zwar um der Ehre Gottes und des Menschen willen! Denn „Glaube" und „Gott" nichts, was der Mensch „besitzen" kann. Wer Glaube an Gott als nützliches Tauschgeschäft versteht, das sich in Glück oder Unglück auszahlt, der missbraucht den Glauben. Kohelet glaubt nicht, um glücklich zu sein. Die sich in der Frage nach Sinn verbergende Gottesfrage muss frei mit „ja" oder mit „nein" beantwortet werden können, ohne das eigene Schicksal in der Welt, sein Glück, davon abhängig zu machen. Denn erst dann wird der Mensch der ihm eigenen Würde gerecht: ein Freigelassener der Schöpfung zu sein.

Johanna Rahner

DIE ENGELBANK

Nah bei der Drübecker Klosterkirche am Harzrand lädt ein Engel ein, sich zu setzen. Eine Bank aus hellem Holz steht dort, die statt einer Rückenlehne einen stilisierten Körper und geschwungene Flügel hat.
„Komm, mach mal Pause", scheint der Engel zu sagen. „Ruh dich ein Weilchen aus!"
Und dem, der über die Holzfläche streicht und dann Platz nimmt, sagt er ins Ohr:
„Lehn dich ruhig an mich. Ich halte dich."
Und dann, nach einer Weile, raunt er leise:
„Sieh dich um, leg den Kopf in den Nacken und blick in den Himmel über dir. Schau, die Wolken, wie sie vorüberziehen. Manchmal erzählen sie von Gottes Güte."
Und wer dort sitzt, lässt auch die Zeit für eine Weile vorbeiziehen und lässt sich gefallen, was eben vom Himmel fällt.
Derweilen nimmt der Engel wahr, was im Nacken sitzt. Und stärkt fast unmerklich den Rücken.
Wenn du dann aufstehst, spürst du, dass deine Haltung anders ist. Die Schultern sind locker, der Rücken richtet sich auf. Und der Tag liegt unter dem größer gewordenen Himmel vor dir wie eine Einladung.

Tina Willms

GLÜCKLICHE ZEITRÄUME

Seitdem ich ein Kind habe, lerne ich die Zeit anders kennen. Ein Kind nimmt sich seine Zeit zum Wachsen und zum Entwickeln. Es ist sinnlos, ein Kind zu drängen.
Alles geschieht zu seiner Zeit. Gehen, sprechen, die Welt entdecken. Starke Emotionen kommen so plötzlich, wie sie wieder vergehen. Es gibt Ruhephasen, es gibt Phasen der Aufgewecktheit, es gibt Phasen, in denen ein Entwicklungsschritt von heute auf morgen geschieht.
Ich habe großes Vertrauen in die Natur der Zeit gewonnen. Die Zeit arbeitet sanft im Hintergrund. Sie erscheint mir wie eine reife weise Frau zu sein, die genau weiß, wann der richtige Zeitpunkt für bestimmte Dinge gekommen ist. Dabei brauche ich nur loslassen, nichts kontrollieren wollen und mich dieser Weisheit anheimgeben.
Durch das Leben mit der neu geschenkten Weisheit der Zeit habe ich ein anderes Gefühl für Zeiträume inmitten der so geschäftigen Welt gewonnen. Die Zeit mit meinem Kind ist eine Art Meditation für mich geworden. Ich begebe mich, wenn ich bewusst Zeit mit ihm verbringe, in einen Zeitraum, aus dem ich all den Druck der Arbeitswelt außen vor lassen kann – dann bin ich im Jetzt, in der Gegenwart angekommen, in der es nur darum geht, etwas gemeinsam zu erleben. In diesen Gegenwarts-Zeiträumen nehme ich die Zeit oft sehr intensiv wahr. Vielleicht auch deswegen, weil ich weiß, dass der nächste Entwicklungsschritt möglicherweise morgen schon da ist und die Beziehung zu meinem Kind eine neue Nuance erhalten wird. Also geht es darum, das Jetzt voll auszukosten.

Kohelet hat in seinem Gedicht über die Zeit (3,1–8) einen Weg in die Erfahrung und Annahme der Gegenwart aufgezeigt, nachdem ihm schmerzlich bewusst geworden ist, dass es unmöglich ist, der fliehenden Zeit zu entkommen und ein äußeres Werk mit Dauer zu schaffen. Er will uns sagen: Weise ist, das Leben in der Gegenwart zu leben und die Gegenwart so anzunehmen, wie sie ist. Und von Mal zu Mal schenkt uns Gott inmitten dieser Gegenwartsräume glückliche, erfüllende Momente. Denn nach Kohelet ist der Mensch zu einem glücklichen Leben berufen, das sich im Jetzt – in der Gegenwart Gottes – ereignet. So besehen können Kinder als Glücksgaben Gottes betrachtet werden.

Martina Bär

NACH PSALM 1

Glücklich ein Mensch,
sei er Frau oder Mann,
der in der Spur des Lebens geht
und der Weisung seines Herzens folgt.
Der sich nicht gemein macht
mit den Gemeinen
und nicht Erfolg sucht
auf dem Rücken der Schwachen.
Vielmehr Achtung schenkt den
Verachteten
und mit aufrichtigem Herzen Gebeugte
aufrichtet.
Er und sie sind wie ein Baum,
gepflanzt an Bächen voll Wasser:
zur rechten Zeit bringt er seine Frucht
und sein Grün wird nicht welken.
Sie werden bestehen – auch in den
Krisen des Lebens,
wenn sich die Spreu vom Weizen trennt.
Sie sind an der Quelle zum Leben,
die wie ein Bach ihren Weg sucht und
findet,
sich nicht verliert in Ödnis und Wüste,
sondern anwächst zum Strom
umfassender Liebe.

Hildegard König

ALLE ZEIT IN SEINEN HÄNDEN

Wer das Buch Kohelet liest, bekommt über große Strecken den Eindruck eines durch und durch pessimistischen Menschen. Der kurze Abschnitt in Koh 3,1–8 lässt diesen Eindruck gleich zu Beginn entstehen. Die Leserin dieser Zeilen scheint keine Wahl zu haben. Entweder lieben oder hassen, entweder weinen oder lachen. Der Text erweckt den Eindruck, keine Entscheidung treffen zu können zwischen Töten und Heilen. Was für ein Gottesbild taucht hinter diesem antiken Schriftsteller auf, der sich selber als Prediger Salomos versteht, an einer Stelle sogar andeutet, er sei König Salomo selbst (Koh 1,12).

Entstanden ist das Buch Kohelet im 3. Jahrhundert vor Christus wahrscheinlich entweder in Jerusalem oder in Alexandrien. Das ist lange nach der Existenz des realen Salomo, der im 10. Jahrhundert vor Christus als 3. König Israels lebte. Aber hellt sich der Blick auf Kohelet mit der dunklen Farbe des Pessimismus auf? Vielleicht blitzt der Hinweis, den Kohelet an seine Leserschaft weitergeben möchte, schon im ersten Satz des 3. Kapitels leise auf. „Alles hat seine Stunde. Für jedes Geschehen unter dem Himmel gibt es eine bestimmte Zeit" (Koh 3,1). Das Buch Kohelet gehört zu den Weisheitsbüchern im Alten Testament. Kohelet will die Aufmerksamkeit seiner Leserschaft in eine ganz bestimmte Richtung, sie zu einer ganz bestimmten Erkenntnis lenken. Es geht um Weisheit, um das

Begreifen, worin das Glück des Menschen liege. Weisheit sei, die Dinge des Lebens nicht nur in ihrer Beziehung zueinander zu begreifen und in ihrer Bezogenheit aufeinander zu erkennen, sondern sie ebenso in der Beziehung zum Gesamt der Welt zu sehen. Eine theologisch-philosophische Ansicht, die in den Schriften des Alten Testaments immer wieder auftaucht. Es geht im weitesten Sinne darum, jederzeit den passenden Moment für unser Denken und Handeln zu finden. Also ein feines Gespür dafür zu entwickeln, wann was und warum zu tun ist. Hintergrund dieser Aussagen sind in der Tradition der Weisheitslehre des Alten Testamentes zu finden. Diese Form der Weltwahrnehmung hatte sogar einen Namen, einen weiblichen Namen. Sie wurde mit Sophia benannt und derjenige, der das Geschenk der Weisheit durch seine Lebensführung, sein Wissen und Nachsinnen empfangen hatte, wurde als mit dem „Kuss der Sophia" begnadet angesehen. Die Frage, was ist Weisheit und wie bekomme ich sie, taucht immer wieder vor allem in den Weisheitsschriften des Alten Testamentes auf, besonders in den Jahrhunderten, die in relativer Nähe zum Christus-Ereignis verfasst wurden. Lange Zeit war eine bestimmte Idee dabei vorherrschend: Das Tun eines Menschen spiegele sich in erkennbarer Weise in dem wider, was diesem Menschen zustoßen würde. Diesen sogenannten Tun-Ergehen-Zusammenhang verneint Kohelet. Ihm geht es eher um die Erkenntnis, dass alle Zeit in den Händen Gottes liegt und der Mensch lernen müsse, in jedem Augenblick seiner irdischen Lebenswahrnehmen bemüht sein sollte, was hier und jetzt Gottes Willen entspricht. Keine leichte Aufgabe, aber eine lohnende. Denn sich so in dieser Form und mit dem tiefen Vertrauen auf die unfassbare Liebe und Barmherzigkeit des Weltenschöpfers einzulassen, heißt, das Glück des Lebens zu finden. Die Weisheit der Frau Sophia hatte dementsprechend auch drei Töchter, die mit ihren Namen den Zustand eines weisen Menschen verdeutlichten. Sie hießen Glaube, Liebe, Hoffnung.

Maria Anna Leenen

DAS EINE WORT

Es spricht in mir
Es drängt in mir
Es schreit in mir
das Wort
das Feuer löschen kann
das Wort
das retten kann
das Wort
das Frieden stiften kann
das Wort
das Türen öffnet
das Wort
das reden kann
wenn ich ihm
die Türe öffne
und ich mich nicht
mit übertriebener Vorsicht
verschließe

Es erfordert Mut
mit Worten
in das Feuer zu greifen
Es erfordert Überwindung
nicht an die Verbrennung
zu denken
wenn das Wort
im richtigen Moment versagt
Doch schon die Hoffnung
dass es retten könnte
das eine Wort
der Wörter
verpflichtet uns
es einzusetzen
Zurückhaltung
ist nicht angebracht
wenn Retter erwartet

Friederike Weichselbaumer

GEHALTEN MITTEN IM LEBEN

Da beschreibt ein Weiser das Leben, wie es nach Gottes Maßstab gut ist, wie es also der Weltenfamilie dienlich ist – und wie es menschlich ist. Dieser Weise hilft uns zu erkennen, dass wir endlich und vergänglich sind. Damit wir diesen Gedanken akzeptieren und lernen, uns mit dieser Perspektive zu versöhnen. Wir brauchen nicht daran verzweifeln, sondern können demütig annehmen, was das Leben in seiner ganzen Fülle bereithält. Nein, es geht keinesfalls darum, nihilistisch auf das Leben zu blicken und das Glück kleinzureden, weil nach Frieden Krieg angezettelt wird und nach Lachen Tränen fließen. Ganz im Gegenteil ruft der Weise uns durch seine Beobachtung, was Menschsein bedeutet, dazu auf, das Leben zu nutzen, zu genießen gar. Mach das Beste draus, könnte man es in Volksweisheit übersetzen. Oder auf Kölsch: Wat mut, dat mut – oder hamburgisch: Nützt ja nix!

Der Weise, zugeschrieben wird der Text König Salomo, nimmt einen höheren Sinn im Leben an und betrachtet den Wert des zeitgebundenen Menschen im Licht der Beständigkeit. Er lässt uns einstimmen in eine schöne Melodie des Lebens. Und die singt von Trost nach allem Zweifel, von Geborgenheit nach Streit.

Alles hat seine Zeit, singt sie. Weinen und Lachen, Schweigen und Reden, Lieben und Hassen. In dieser Welt, in der Kriege geführt werden, Gewalt gegen Unschuldige ausgeübt wird, die Demokratie in Gefahr ist, ist es ein wichtiger Impuls dieser alten Weisheitsschrift, dass es auch wieder anders wird. Dass es – irgendwann, wir wissen nicht wann – besser gehen wird. Es geht anders und es kann anders werden.

Ganz und gar nicht im Sinne einer flachen Vertröstung: Das wird schon wieder. Oder: Das Leben geht weiter. Angesichts der Grauen in der Ukraine, in Gaza und an so vielen Orten der Welt wäre das geradezu zynisch. Sondern es geht so weiter, dass der Mensch sich müht. Arbeit und Mühe eben, dass nicht Hass und Gewalt Macht über das Leben gewinnen, sondern die Liebe und die Sehnsucht nach Frieden.

Dafür braucht es unseren Einsatz. Gerade jetzt. Weinen voller Mitgefühl hat seine Zeit, Kämpfen für die Liebe und das Leben aber auch.

Alles hat seine Zeit. Und so sehr wir uns mühen, anstrengen und aufreiben, so gibt es immer auch eine Seite in uns, die uns mit unseren Grenzen konfrontiert. Da können wir diese Welt einfach manchmal nicht aushalten. Oder möchten etwas anderes hören und sehen als diesen Streit und den Lärm.

Es gibt Zeiten, da möchte man mehr aus sich herausholen, möchte mehr tun, helfen, ändern … aber muss dann doch eingestehen: Besser geht's nicht.

Manchmal hat auch das Verzagen seine Zeit. Und das Ungenügen. Und die Unfähigkeit, freundlich zu sein, obwohl ich es eigentlich sein möchte. Wer kennt das nicht, dass man ausgepowert und angestrengt das Gute möchte und dann enttäuscht merkt, dass es nicht gelingt. Dann ist es ganz besonders wichtig, dass einem ein anderer Mensch oder ein alter Bibeltext zuspricht: So ist das im Moment. Hab' Erbarmen mit dir. Besser geht's augenblicklich nicht.
So ist das eben. Wir erleben Zeiten mit Lachen und Herzen und Tanzen – und solche mit nicht mehr Tanzen und nicht mehr Lachen. Zeiten mit Tränen und Tragik. Diese Zeiten gehören auch zu uns, diese Tage, an denen es einen innerlich zerissen hat – herzzerreißend eben.

Der Weise versteht die Klage. Ordnet sie ein und beschreibt eine Wirklichkeit gegen jede Trostlosigkeit. Und zwar, indem er gerade nicht beschönigt, im Gegenteil: Er schaut aufs Leben, wie es ist, samt unseren Grenzen der Machbarkeit. Fast schonungslos deutlich: Lieben und Hassen, Friede und Streit haben ihre Zeit. Spannungsvoll und unvereinbar, wir leben in vielen Widersprüchen. Damals wie heute.
Solche Zerreißproben, Krisen und Ängste prägen und verändern uns doch im Leben auch! Und weil wir um diese Zerbrechlichkeit wissen, wächst eine tiefe Ehrfurcht vor dem Leben. Die Erkenntnis, wie kostbar das Leben ist. Das Gefühl, dass es gelebt und nicht aufgespart werden soll. Leben wir also jetzt!
Denn wir sind alle eine Gabe Gottes. Wir Menschen, die wir mutig hoffen, essen und trinken, lieben und tragen, Mitgefühl haben – wir sind eine Gabe Gottes. Mitunter sind wir gar ein Geschenk, das einem ganz ungeplant ins Leben geworfen wird. Ein Geschenk mit blauem Kleid oder abgewetzter Cordhose, mit unbeirrbarem Friedensglauben und unermüdlichem Flüchtlingsengagement, mit poetischer Heiterkeit und pragmatischer Bodenständigkeit. Machen wir die Augen weit auf, um wahrzunehmen und zu feiern, was gelingt und wo Not gewendet wird.
Wir können froh weiter nach vorn leben, gesegnet ins Leben. Denn so ist es ja, sagt der Weise: Vom ersten bis zum letzten Atemzug gibt es einen, der – unbegrenzt in Raum und Zeit – mein Leben in Händen hält. Allezeit.

Kirsten Fehrs

UNSERE ZEIT IST GEMEINSAME ZEIT

Wenn es für jedes Geschehen unter dem Himmel eine Zeit gibt, dann ist jetzt sicherlich die Zeit, die richtigen Weichen zu stellen: Für Frieden in der Welt und in unserem eigenen nahen Umfeld. Gerade jetzt, da Frieden und Demokratie gefährdet sind, braucht es umso mehr eine bewusste Gestaltung unserer Zeit, die an die Schrecken unserer Vergangenheit mahnend erinnert und die so auch in eine vielversprechende Zukunft weist.

„Geschichte schreiben heißt Jahreszahlen ihre Physiognomie geben." So hat es Walter Benjamin einmal formuliert. Menschen schreiben Geschichte, indem sie etwas Herausragendes vollbringen – etwas entdecken, erfinden oder erschaffen. Ihr Wirken gibt ihrer Zeit eine sichtbare Gestalt – oft–

mals sind Errungenschaften, Maschinen oder Kunstwerke das Abbild einer Epoche.

Andere Menschen schreiben Geschichte, indem sie ihre Zeit auf eine eigene, besonders sensible Weise wahrnehmen, indem sie in ihren Erzählungen ausdrücken, was ein Ereignis jenseits historischer Fakten ausmacht und wie die Geschichte unserer Welt ihr Leben geprägt hat. Es sind auch jene „engagierten Zeitzeugen", die den Jahreszahlen eine sichtbare Gestalt verleihen, ihnen „ihre Physiognomie geben". Das Vermächtnis dieser Persönlichkeiten zu bewahren, ihre Zeitzeugenberichte zu schützen und möglichst vielen Menschen zugänglich zu machen, gehört deshalb zu den wichtigen kultur- und erinnerungspolitischen Aufgaben. Die glücklichen oder die schmerzhaften Erfahrungen dieser Menschen sollten uns heute helfen, die „Zeichen der Zeit" zu erkennen und entschlossen auf sie zu antworten.

Denn Zeit vergeht ja nicht einfach – die Art und Weise, wie wir sie erzählend vergegenwärtigen, prägt unsere Sicht auf die Gegenwart und damit auch unser Bild von uns selbst und unsere Zukunft. Max Weber hat moderne Nationen deshalb einmal als „Erinnerungsgemeinschaften" bezeichnet.
Ich persönlich bin der Überzeugung, dass gerade in der Nachzeichnung der gewachsenen Freiheitstraditionen in Europa und der Welt Ankerpunkte des Erinnerns sichtbar werden, auf die sich Menschen aus allen Ländern gemeinsam beziehen können. Der Fall der Berliner Mauer beispielsweise wäre ohne die Demokratisierungs- und Befreiungsbewegungen in Mittel- und Osteuropa undenkbar gewesen.
Gemeinsames Erinnern lässt sich natürlich nicht amtlich verordnen oder behördlich regeln, aber es ist doch immer auch eine öffentliche Angelegenheit – und das heißt in staatlicher Verantwortung. Das schließt auch und insbesondere den Anspruch ein, moralisch angemessen mit der eigenen Geschichte umzugehen und auch dadurch ein identitätsstiftendes Fundament für die Gegenwart und für die Zukunft zu legen. Denn ich bin davon überzeugt: Wer sich seiner eigenen Identität bewusst ist und weiß, wofür er steht, kann dem anderen und Fremden Raum geben, ohne sich dadurch bedroht zu fühlen. Solch eine selbstbewusste Offenheit brauchen wir in diesen unseren Zeiten.

Monika Grütters

HAT ALLES SEINE ZEIT?

Zeit ist Leben. Ob ich auf jemanden warte, einen bohrenden Schmerz empfinde oder mit Sorgen dem Bescheid meines Arztes entgegensehe. Zeit ist Leben, wenn ich mit anderen plaudere, Besuch bekomme oder die Wärme und Nähe des Menschen spüre, den ich liebe.
Zeit ist Leben. Was machen wir mit unserer Zeit? Wir haben oft keine, weil wir unbedingt dieses und jenes noch schnell erledigen müssen. Zu Hause haben wir keine Zeit, ein Buch zu lesen, Musik zu hören, spazieren zu gehen. Wir essen husch-husch und sind nur im Vorübergehen zärtlich.
Ich habe keine Zeit – das heißt, ich habe kein Leben. Manchmal vertreiben wir uns die Zeit, um uns abzulenken, um uns zu beschäftigen, bis das eintrifft, worauf wir warten. Wir rennen auf und ab, rücken dort etwas zurecht, räumen hier eine Zeitung zur Seite.

Wir atmen flacher. Wenn das oder der Erwartete endlich kommt, haben wir mit der Zeit einen Teil unseres Lebens vertrieben. Trauriger noch ist es, die Zeit totzuschlagen. Nicht zu wissen, was man mit sich anfangen soll, dumpf darauf zu warten, dass etwas geschieht.

Sophie von La Roche, erste finanziell unabhängige Berufsschriftstellerin Deutschlands, schrieb im 18. Jahrhundert, sie könne das Wort „Zeitvertreib" nicht leiden, „weil es mir ein Zeichen einer unwürdigen Bewegung der Seele zu sein scheine". Sie fährt fort: „Unser Leben ist so kurz, wir haben so viel zu betrachten ... und so viel zu lernen, wenn wir alle Kräfte des Geistes, die uns nicht umsonst gegeben sind, gebrauchen wollen" (Geschichte des Fräuleins von Sternheim). Darüber nachzudenken lohnt sich.

Und: Wir lassen anderen oft keine Zeit. „Mach schneller", „Beeil dich ein bisschen", „Los, zack, zack". Und manchmal werden wir selbst so herumkommandiert. Aber: Mir und anderen keine Zeit lassen, heißt, nicht wirklich (auf-)leben zu lassen.

Wie gut tut es, wenn jemand sagt: „Lass dir ruhig Zeit!" Der griechische Philosoph und Naturforscher Theophrast soll um 300 v. Chr. formuliert haben: „Zeit ist eine kostbare Ausgabe." Umgangssprachlich ist daraus bloß „Zeit ist Geld" geworden. Dabei ist der Sinn des alten Satzes ganz verloren gegangen. Zeit ist nicht mit materiellen Werten aufzuwiegen, sondern sie ist eine wertvolle Gabe. In dem Buch „Momo" versucht eine Gesellschaft grauer Herren die Menschen zu bewegen, immer mehr Zeit zu sparen.

Deren Dasein wird ärmer, hastiger und kälter. Sie werden sich fremd und fremder. Alles hat seine Zeit – aber wenn man nichts wirklich Raum gibt, entgleitet uns das Leben. Denn nicht nur alles, sondern auch jeder Mensch hat seine Zeit. Und die sollte damit lebendig bleiben.

Zeit ist Leben, Zeit ist eine kostbare Ausgabe. Diesen Beschreibungen füge ich eine dritte hinzu. Sie stammt vom Kirchenvater Augustin und lautet: „Zeit ist eine Ausdehnung der Seele." Meine Seele, meine Empfindungen, mein Denken – alles, was in mir leben möchte, braucht Zeit.

Ich brauche Zeit, um leben zu können – auch wenn es mir nicht gut geht. Alles hat seine Zeit: Warten, hoffen, Abschied nehmen … Weinen und traurig sein, wenn man auseinander geht oder etwas aufgeben muss. Lachen und tanzen vor Freude, wenn Schönes bevorsteht.

Alles hat seine Zeit – auch ohne unseren Einfluss: „Wir können nicht ergründen das Werk, das Gott tut, weder Anfang noch Ende." (Pred 3,11) Die Konsequenz, die in der Bibel der Prediger zieht, ist: Fröhlich sein, wenn es Anlass dazu gibt, jede Stunde und Minute als Geschenk betrachten.

„Die Zeit ist keine Schnellstraße zwischen Wiege und Grab, sondern Platz zum Parken in der Sonne" (Phil Bosmans) – die

kleinen Freuden des Alltags sind wichtig, um daraus Kraft zu schöpfen für eine Zeit, in der es schwerfällt zu leben und glücklich zu sein.
Anfang und Ende dessen, was mit uns geschieht, können wir nicht durchschauen. Deshalb sollen wir froh und heiter sein, wann immer es geht. Diesen Gedanken des Predigers verbinde ich mit einem Wort aus dem Neuen Testament:
„Ich bin das A und das O, der Anfang und das Ende, spricht Gott der Herr, der da ist und der da war und der da kommt, der Allmächtige." (Offb 1,8)
Bei ihm sind wir jeden Tag geborgen. Gott umschließt unser Dasein und unsere Zeit mit allen Sonnen- und Schattenseiten. Es hat Zeit.

Susanne Breit-Keßler

Das alles hat er schön gemacht
zu seiner Zeit.
In das Herz des Menschen hat er
den Wunsch gelegt,
nach dem zu fragen, was ewig ist.
Aber von dem, was Gott in dieser
unvorstellbar langen Zeit tut,
kann der einzelne Mensch nur einen
winzigen Ausschnitt wahrnehmen.

Koh 3,11

DIE EWIGKEIT IM HERZEN

AUGENBLICK MAL

Ein Augenblick.
Nicht länger als ein
Wimpernschlag lang.
Eine winzige Zeitspanne,
die niemals wiederkommt.
Einmalig, einzigartig –
und schon wieder vorbei.
Und du, guter Gott, bist da –
in diesem Augenblick,
in jedem Augenblick.
Du siehst mich,
berührst mich und führst mich.
Du sprichst zu mir.
Du zeigst mir deine Nähe –
in diesem Augenblick,
in jedem Augenblick.
Und weil du da bist,
weil du dabei bist –
bei mir und in mir,
wo immer ich bin –,
ist jede Sekunde kostbare Zeit.
Jeder Augenblick – dieser
Augenblick – jetzt.
Augenblick mal …

Sr. M. Caja Bernhard

JEGLICHES HAT SEINE ZEIT

Ein Jegliches hat seine Zeit, übersetzt Luther.
Alles hat seine Zeit, sagen wir.
Alles oder nichts?
Kann man das eine Wort durch das andere ersetzen?
Modern und veraltet im Widerstreit?
Was ist dieses Alles oder das ein Jegliches?
Alles: das große Ganze …
Kein Unterschied, alles.

Ein Jegliches: Ich nehme das Einzelne in den Blick.
Jedes Einzelne:
Du, mein Morgen, du, mein Abend,
du trägst in dir deine Zeit.

Du, meine Liebe, du, mein Hass,
du trägst in dir deine Zeit.

Du, meine Sehnsucht, du, mein Aufgeben,
du trägst in dir deine Zeit.

Du, was mir geschenkt.
Was ich im Herzen trage, was keinen Raum hat,
du trägst in dir deine Zeit.

Du – deine Zeit.
Deine, seine, eine eigene –
nicht meine.

Wie vermessen zu meinen:
Ich könne Zeit geben.

Ich bin mittendrin
Umgeben
Erfasst
Erfüllt
Erstaunt
Von all diesen Zeiten,
Denen ich mich zuwenden kann
Zuwende,
Damit sich meine Zeit
Mit ihrer Zeit verbinde

So hat Gott mir die Ewigkeit
ins Herz gelegt,
dass sie mich erfülle
über die Grenze hinaus
bis in seine Ewigkeit.

Bettine Reichelt

DEINE ZEIT

Seit Gott die Zeit erschuf,
verläuft sie täglich treu,
will nimmer stille steh'n,
wird stetig neu.
So gibt sie Platz für jedes.
Und was sich widerspricht,
das kommt im Nacheinander
zu seinem Recht.
In Freude, Streit und Schlafen,
Spaziergang und Beruf
hast du auch DEINE Zeit,
weil Gott sie schuf.

Regina M. Illemann

DIE EWIGKEIT INS HERZ GELEGT

November. Ein grauer Monat. Nicht nur wegen des Nebels. Nein, weil alles erzählt vom Sterben und Vergehen: kahle Bäume, Volkstrauertag, der Ewigkeitssonntag.
Ich gewöhne mich nicht daran, werde nicht vertraut damit. Mein Kopf sagt: Auch das gehört zum Leben dazu. Mein Herz aber sehnt sich nach Dauer, nach Bleiben und einem Zuhause.
Gott hat den Menschen die Ewigkeit ins Herz gelegt, sagt der Prediger Salomo (Pred 3,11).
Ja, das ist wahr.
Die Ewigkeit im Herzen tragen: ahnen, dass es mehr als das Heute gibt. Träumen von dem, was hinausweist über mich und die Welt. Hoffen, dass das Leben stärker ist als der Tod.
Wie soll ich mich da an das Ende gewöhnen, an Sterben, Vergehen und Abschiednehmen?

Jeder Tod reißt eine Wunde, lässt mich fragen und weinen und manchmal verzweifeln. Ein Stachel im Herzen ist das. Und doch ist es auch ein großes Geschenk. Nur uns Menschen gegeben. Denn mit der Ewigkeit im Herzen lebe ich nicht nur im Augenblick. Ich weiß um Gestern und Heute und Morgen.
Kann mich erinnern, mal weinend, mal lachend. Kann diesen Tag bis zur Neige auskosten. Kann die Zukunft erträumen als Land, in dem es sich leben lässt.
Das Sterben bleibt mir fremd, mit der Ewigkeit aber mache ich mich gerne vertraut. Sie ist mir nah, ist in meinem Herzen. Ich könnte mich gewöhnen an sie.
November. Eine Freundin erwartet ihr erstes Kind. An den kahlen Bäumen wachsen schon wieder Knospen.
Ich ahne den Frühling, das neue Leben. Träume Gottes Traum vom Leben, das siegen wird über Schmerzen und Tod.

Tina Willms

WARTEN AUF DICH

Warten auf dich, Herr –
zwischen vielen Terminen,
zwischen vollen Regalen,
zwischen lauten Geräuschen –
und zuversichtlich glauben:
Du wartest auf mich.
Sehnsucht nach dir, Herr –
im Vorüberrauschen der Tage,
im Zuvielerlei dessen, was ansteht,
im Erleben unerwarteter Lichtblicke –
und fröhlich vertrauen:
Du sehnst dich nach mir.
Rufen nach dir, Herr –
wenn ich an Grenzen stoße,
wenn etwas einfach nur schön ist,
wenn du überraschend auf mich zukommst –
und getröstet erfahren:
Du rufst mich beim Namen
und ziehst mich neu an dein Herz.

Sr. M. Caja Bernhard

ZEITEN, DIE GESTALTET WERDEN WOLLEN

Familie Hermann und Angela Blankenhorn gewidmet

Wenige Tage vor Maria Lichtmess bekomme ich die Einladung einer befreundeten Familie zu einem Krippenbesuch in ihrem Haus. So ist das alljährlich. Weihnachten ist dann manchem schon nicht mehr im Sinn, weil die Zeit von Karneval, Fasching oder Fasnet naht je nach regionaler Prägung. Nach alter Tradition endet die Weihnachtszeit am Fest Maria Lichtmess, am 2. Februar also. Vom Heiligen Abend am 24. Dezember bis dahin kann manche besondere Zeit gestaltet werden. Prominent ist das Fest der Erscheinung des Herrn am 6. Januar, im Volksmund und im Rheinland auch das Fest der Heiligen Drei Könige genannt. Es gibt somit auch keinen Grund, den Christbaum hektisch nach dem 2. Weihnachtstag abzubauen. Es lassen sich die Wochen der Weihnachtszeit ausgiebig und mit den besonderen und nahegehenden Tagen, etwa zur Jahreswende, begehen und gestalten.

Die Krippe meiner Freunde ist eine eindrucksvolle Krippenlandschaft, die über die Jahrzehnte gewachsen ist. Sie erinnert an zahlreiche Geschichten, die aus der Zeit der Geburt Jesu in Nazaret überliefert sind. Der alljährliche Besuch, der der Krippe gewidmet ist und in einen gastfreundlichen Abend mündet, ist ein wunderbarer Abschluss der Weihnachtszeit.

Der Hausherr ruft bei dieser Gelegenheit alljährlich in die Runde:
„Ach, wie wunderbar ist doch das katholische Kirchenjahr."
Er und seine Familie haben die Tiberius-Wallfahrt wieder ins Leben gerufen, die am 10. November in der barocken Klosterkirche in Obermarchtal (Oberschwaben) begangen wird. Da wiederholt er die Begeisterung für die besonderen Zeiten im Laufe eines Jahres und fügt – als Hausarzt auf dem Lande – stets hinzu, dass diese heiligen Zeiten, die Traditionen und Feste die Seele des Menschen berühren und heilsam wirken. So fasst er seine Berufs- und Lebenserfahrung über Jahrzehnte zusammen.

„Alles hat seine Zeit" deute ich manchmal auch entlang des Kirchenjahres.
Es ist dann besonders spürbar, dass nicht ein Tag wie der andere ist, wir den Sonntag und andere hohe Zeiten angeboten bekommen, die gestaltet werden wollen. Es zeigen sich darin die Grundbotschaften unseres Glaubens und die großen Zeugen und Zeuginnen in der Geschichte der Christenheit.

Hans Maier hat eindrücklich beschrieben, was anders wäre ohne das Christentum *(vgl. sein Buch „Welt ohne Christentum – was wäre anders?, Herder, Freiburg 2009 (Erstausgabe 1999))*.

Er zählt dazu auch das Verständnis von Zeit in der christlichen Tradition und die eigene Prägung, die der Zeit im Jahreslauf gegeben wird. Eine kalendarische Ordnung mit vielen Festen und Feiern war immer auch „zugleich ein Stück Entfaltung der Kirche in der Zeit". Es liegt darin heute ein großes Potenzial für Christinnen und Christen, für die Kirche insgesamt und auch für den interreligiösen Dialog. Über folkloristische Elemente und die Beachtung besonderer Zeiten als Faktor für Konsum hinaus sind damit Botschaften verbunden, die vermutlich für viele Menschen einen neuen Blick auf das Christentum erlauben.

„Alles hat seine Zeit" birgt einen großen Schatz für unsere Tage. Da erschließen sich Welten, die im kulturellen Gedächtnis bei wenigen präsent sind. Da werden Schönheit und Stille entfaltet. Da gibt es eine Ahnung vom „Leben in Fülle", in das nach christlichem Verständnis die Zeit dieser Welt mündet. Es erschließt sich der Wert des Festlichen gegenüber dem Alltäglichen und auch die überwältigende Kraft, die in den verschiedenen Sprachen des Glaubens liegt. Mir kommen Kantaten und Passionen von Bach, der Messias von Händel und die Musik von Arvo Pärt in den Sinn. Für die großen Werke der Kunst und Kultur, der Wissenschaft und Forschung braucht es Zeit, manchmal viel Zeit. Zeitlosigkeit braucht Zeit – auch das erschließt sich in den hohen Zeiten eines Jahres.

„Alles hat seine Zeit" – der Satz begleitet mich seit Jahrzehnten. Er hat mich in den anstrengendsten Tagen meines Lebens davor bewahrt, den aktuellen Moment schon für die Zeit zu halten. Er hat mir den Blick geöffnet für die Besonderheiten der verschiedenen Zeiten und Phasen meines Lebens. Er vermag mich zu sensibilisieren dafür, dass morgen alles anders sein kann. Das stärkt die Wertschätzung für diesen einen Tag. Wertschätzung gilt auch den Freunden, die ihre Krippenlandschaft alljährlich zu einem Ort werden lassen, der Menschen zusammenführt, die bei dieser Gelegenheit spüren, dass nun der Weg bereitet ist für hohe Zeiten im Jahreslauf.

Annette Schavan

LEBEN IM RHYTHMUS DER ZEIT

Alles hat seine Zeit,
seinen urewigen Rhythmus:
Auf und Ab,
Kommen und Gehen,
Anfang und Ende.

Zeit, mich zu füllen,
um mich zu verströmen.

Zeit auszuruhen,
um entschlossen zu handeln.

Zeit zuzuhören,
um offen zu sprechen.

Zeit, traurig zu sein,
um trösten zu können.

Zeit, Schmerz zu fühlen,
um Schmerz zu verstehen.

Zeit, Liebe zu empfangen,
um Liebe zu geben.

Zeit zu blühen,
um Frucht zu tragen.

Mein Leben
im Rhythmus der Zeit:
Hoch und Tief,
Suchen und Finden,
Anfang und Ende.

Gisela Baltes

AUTORINNEN

Dr. Martina Bär, geb. 1976, Studium der Katholischen Theologie und Geschichte, Universitätsprofessorin am Institut für Systematische Theologie und Liturgiewissenschaft der Universität Graz, Autorin, Herausgeberin und Rezensentin zahlreicher Fachveröffentlichungen
Gisela Baltes, geb. 1944, Studium der Pädagogik u. Theologie, Lehrerin, seit 2004 Redakteurin bei *Magnificat* und freiberufliche Autorin mit zahlreichen Publikationen, www.impulstexte.de
Sr. M. Caja Bernhard, Referentin in der Schönstatt-Frauenbewegung, Schwerpunkt Diözese Rottenburg-Stuttgart
Pia Biehl, geb. 1965, Seelsorgerin in Wohn- und Pflegeeinrichtungen, Autorin von Kinder- und Jugendbüchern
Susanne Breit-Keßler, geb. 1954, Studium der Germanistik, Alten Geschichte u. Evangelischen Theologie, journalistische Ausbildung, 2000–2019 Regionalbischöfin, Initiatorin der Evangelischen Stiftung Hospiz, Autorin
Hanna Buiting, geb. 1992, Studium der Literatur- und Religionswissenschaften, freie Autorin, Journalistin und Kolumnistin
Kirsten Fehrs, geb. 1962, Studium der Evangelischen Theologie in Hamburg, seit 2023 Bischöfin im Sprengel Hamburg und Lübeck der Nordkirche
Katharina Gralla, geb. 1965, Studium der Evangelischen Theologie, Schulpastorin, seit 2016 Tourismusseelsorgerin, theologische Referentin und Autorin
Monika Grütters, geb. 1962, Studium der Germanistik, Kunstgeschichte u. Politikwissenschaften, seit 1991/99 Professorin an der Hochschule für Musik u. d. FU Berlin, Staatsministerin für Kultur und Medien a. D., seit 2005 CDU-Bundestagsabgeordnete
Sr. Katharina Hartleib OSF, geb. 1958, gelernte Krankenschwester, Geistliche Begleiterin, seit 2010 im Konvent San Damiano Kloster zum Mitleben, Morgenimpulsgeberin im Domradio
Sabine Henning, geb. 1967, studierte Germanistin, ausgebildete Journalistin, Social Media-Managerin. Seit 2017 Redakteurin bei *Andere Zeiten e.V.*
Regina M. Illemann, Studium der Evangelischen Theologie, freie Rednerin, Autorin, theologische Referentin, Dichterin
Hildegard König, geb. 1954, Studium d. Germanistik u. Katholischen Theologie, Professorin für Kirchengeschichte an der TU Dresden und TZI-Trainerin, Autorin
Annegret Kramp-Karrenbauer, geb. 1962, Politikwissenschaftlerin, ehemalige Ministerpräsidentin und CDU-Vorsitzende, 2019–2021 Verteidigungsministerin
Marion Küstenmacher, geb. 1956, Theologin und Germanistin, Verlagslektorin, Chefredakteurin, dann Referentin und Autorin zahlreicher Bücher zu Persönlichkeitsbildung, integraler Spiritualität und Mystik
Maria Anna Leenen, geb. 1956, seit 1994 Diözesaneremitin im Bistum Osnabrück, Autorin von Romanen, Reportagen, Berichten und spirituellen Sachbüchern

Antje Sabine Naegeli, geb. 1948, Studium der Evangelischen Theologie, Evangelische Theologin und Psychotherapeutin, Autorin, Referentin

Lisa F. Oesterheld, geb. 1957, Studium d. Sozialpädagogik, Pastoralreferentin, freie Referentin für Meditatives Schreiben und Exerzitien, Autorin geistlicher Literatur

Johanna Rahner, geb. 1962, Studium d. Kath. Theologie u. Biologie, seit 2014 Professorin für Dogmatik, Dogmengeschichte u. Ökumenische Theologie, zahlreiche Publikationen

Bettine Reichelt, geb. 1967, evangelische Theologin, 1997–2000 Pfarrerin, 2003–2012 freie Autorin u. Lektorin, seit 2012 wieder Pfarrerin, Publikation von Gedichten, Prosa, Krimis u. spirituellen Büchern

Annette Schavan, geb. 1955, war 25 Jahre in Politik und Diplomatie tätig, u. a. als Bundesministerin für Bildung und Forschung sowie als Botschafterin beim Heiligen Stuhl. Seit 2024 ist sie die Vorstandsvorsitzende der Gemeinnützigen Hertie-Stiftung.

Andrea Schwarz, geb. 1955, ehemals Diözesanleiterin des Bundes der Deutschen Katholischen Jugend, Seelsorgerin im Bistum Osnabrück und freiberufliche Schriftstellerin

Sr. Aurelia Spendel OP, Studium der Katholischen Theologie, bis 2007 Priorin des Klosters St. Ursula in Augsburg, Lehrtätigkeit in spiritueller Theologie an div. Universitäten, Geistliche Begleiterin, Referentin für Erwachsenenbildung, Autorin

Madeleine Spendier, geb. 1977, Studium der Katholischen Theologie und Germanistik in Graz und Tübingen, Theologin und Redakteurin bei *katholisch.de*

Nora Steen, geb. 1976, Studium der Evangelischen Theologie, seit 2023 Bischöfin im Sprengel Schleswig und Holstein der Nordkirche, Sprecherin der NDR-Morgenandacht, Autorin

Hanna Strack, geb.1936, Studium der Theologie, Tätigkeit als Lehrerin, Mitherausgeberin u. -autorin des *FrauenKirchenKalenders*, evangelische feministische Theologin u. Autorin zahlreicher Publikationen

Friederike Weichselbaumer, alias Riki Neudorfer, geb. 1948, Mutter von sechs Kindern, Tätigkeit im Raiffeisensektor, österreichische Schriftstellerin und Kinderbuchautorin

Tina Willms, geb. 1963, Studium der Evangelischen Theologie in Bethel und Heidelberg, nach Tätigkeit in Kirchengemeinde u. Klinik arbeitet sie als Autorin u. Dozentin für Schreibseminare. Sie ist bekannt durch zahlreiche Publikationen.

Sr. Kristina Wolf MMS, geb. 1968, Missionsärztliche Schwester, Studium der Katholischen Theologie, Pastoralreferentin u. -psychologin, Heilig Kreuz - Zentrum für christliche Meditation und Spiritualität, Frankfurt

Bettina Wulff, geb. 1973, Ehefrau des ehemaligen deutschen Bundespräsidenten Christian Wulff, Studium in Medienmanagement und -wissenschaften, PR-Beraterin für das Hilfeangebot (Verein) *Notruf Mirjam*